ことばをめぐる17の視点

——人間言語は「雪の結晶」である

Parlo dunque sono

I speak, therefore I am: seventeen thoughts about language

アンドレア・モロ　著
今井邦彦　訳

大修館書店

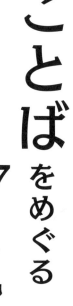

Parlo dunque sono
by Andrea Moro

TAISHHUKAN PUBLISHING COMPANY, 2021

〝砕《くだ》け得るもの、すべて砕けよ！　我《われ》オイディプスが魂《こころ》は
我が身の素性が、如何に賎しくあろうと、
それを知るべく激しく燃え滾《たぎ》る・・・
我には正しき血脈《けちみゃく》、何人《なんぴと》も我より奪えざる血筋があるのじゃ。
その我が、如何にして己が素性探求を恐れるはずがあろうか。〟

ソポクレス『オイディプス王』

訳者まえがき

著者モロがアルバムに喩えているこの本は、簡にして多を得た名著と言えましょう。わずか17章のうちに古代ギリシアから現代に至る言語研究の歴史を見事に描いています。

著者の言語学的立場は生成文法のそれと等しいと言えます。ということは、意味の研究を「言語形式とそれによって表現されている世界との関係を明らかにするわざ」と捉えることはありません。言語学の目標は人間の頭脳内部にある「言語知識」を解明するところにある、と考えるからです。「文の意味とは、その文を真と呼べるために世界が満たさねばならない条件を指す」という趣旨の「真理条件的意味論」も生成文法が採るところではありません。

この本の副題は〝人間言語は「雪の結晶」である〟となっていますね。これはチョムスキーのことばで、雪の結晶が気温・気圧等の条件への瞬時の反応として成立した点が、言語構造が何らかの条件に対する瞬時の反応として形成された過程に対応する、という意味です。雪の結晶に対比させられているのはキリンの首の長さで、こちらは史的な偶然性（キリンの先祖―短首―が森林から草原に移ったため、草や水の摂取の必要上、長首になったと想像される、など）に対する漸進的な過程（進化）から生じたもので、この対比は生成文法にとって重要な意味を持ちます。詳しくは第17章で学んでください。

この本の記述は驚くほどに中正的です。真理条件的意味論のいわば元祖ともいうべきアリストテレスの論についても批判なしに紹介するだけですし、第12章の最初にあるジュースからの引用――これは他の文書ではしばしば〝構造主義言語学の愚かさ〟の例として用いられます――についても、「ジュースを嗤うのは正しくない。彼の論は誤ってはいるが、諸言語間の差異が著しいものに見えるのは確かであり、彼の論は、そのような差異がなぜ生じたかという真に興味深い問題にかかわっている」という局所的弁護を展開しています。同じように第10章ソシュールの項では、「言語の中には差異しかない」という引用を掲げながらも、ソシュール言語学が生成文法による革命に如何に寄与したかが、チョムスキーによる否定にもかかわらず、示されています。

その一方、第5章のベイコンからの引用「文法はあらゆる言語間で本質的に同一である」は一見生成文法的革命の先駆のようにみえ、実はそうではないことが論じられています。現在の生成文法では言語の生物学的研究が盛んになっていますが、そのおおもとになったレナバーグの業績を扱った第15章は章頭の引用中の「恣意的な文化的制約」に関する検討からまず始まっています。

経験科学としての言語学について、実に興味深い指摘が第14章にあります。「物理学の中で最も驚くべき前進的飛躍の1つは、ニュートンが引力を機械的に説明する道を見出そうとする考えに（一時的ながら）見切りをつけることを余儀なくされた時に起こったのです。…科学は、説明に見切りをつけ、ものごとを記述する試みをするだけにしたときに、偉大な進歩を遂げることがあ［り］ます」」。訳者のように、代表的経験科学である例えば物理学の専攻者でなく、そこから経験科学的手法を学びつつ言語研究を行なっていこうとしているものは、ともすれば言語研究は説明のみに専念すべきだと思ってしまいがちですが、原著者のこのことばを聞くと、安心と用心深さの両方が得られます。これが生物学者による言語の本を読むことのメリットの1つかもしれません。

2020年年末

今井邦彦

まえがき

選択、次に順序、その次に偶然、最後は光のみ

写真家なら誰でも知っていることですが、たった1枚の適切なショットを得るために、何百枚、時には何千枚もの撮影を行う必要がありますね。それも、すべてがうまく行った場合に限られます。場合によっては、あるショットが気に入らないとか、その特定の瞬間を捉えそこなった露出量があったなどの理由から、すべてを投げ出してしまうことさえあります。それだけではありません。撮った写真の中から望み通りのショットを選び出してアルバムに収めた後になって、貼り付けた順序によって印象が違ってくることに気付くことがありますよね。たとえば、一群の人々がテーブルを囲んで座っている写真のあとに人っ子一人歩いていない山道の写真が出ている場合と、人っ子一人歩いていない山道の写真のあとに一群の人々がテーブルを囲んで座っている写真が出ている

場合とでは、何か違った感じがしますね。どこがどう違うのかははっきりわからない場合がありますが、違いがあることだけははっきりわかります。さらにはまた、最高のショットが偶然のシャッターチャンスから生まれることもあります。ほかの、十分に準備され、注意ぶかく撮影され、最高傑作となるはずだったショットが廃棄されて、偶然が生んだその1枚だけが適切な光量を捉えており、主題全体の再現を可能にするための適切な過程を選択している、ということもあるのです。

まず選択があり、次に順序があり、その次に偶然が存在するという点で、良い写真アルバムをつくることは、実のところ、科学を押し進めることに似ています。科学を押し進める、正確に言えば科学を正しく押し進めることは、この世のすべての側面を捉えることです。いや、捉えなければなりません。我々人間について何も教えてくれない科学は、編集がおろそかな写真アルバムと同じように、無用の存在です。言語を科学的に研究すれば、我々人間は自分たち自身について必ず何事かを学ぶことになります（学ばないよう努めれば別ですが）。そうならないことはあり得ないのです。なぜなら、言語とは、定理とか交響曲と同じように、我々人間の頭脳の中にだけ存在するものだからです。人間の頭脳の外側には、物体や旋律の進行や光が存在します。ですが星座や交響曲は、それを見、聴く我々が存在するからこそ存在するのです。同じことが文（センテンス）についても言えます。文を研究するときの我々は、ある意味で、光を研究する人と同じ状況にいる、ということがわかります。我々人間は光自体を見るということは実はありません。人間が見ているのは光が物体に与えている影響・効果だけなのです。光というものが存在することが人間に分かるのは、光が当たる物体が光をある程度反射し、それによって光が当たらなければ見えないものを見えるようにするからです。こういう過程があるので、非存在物が、もう1つの非存在物によって照らされ、人間にとって存在物となるわけです。単語や文も同じ働きをします。単語や文はそれ自身の内容は持っていません。けれどもそれを聞く人間がいれば、単語や文は存在物となるのです。我々人間はデータの一部なのです。

目次

※本書の章タイトルとして登場する人物の原綴り

プラトン　Plato
アリストテレス　Aristotle
マルクス・テレンティウス・ウアロー
　Marcus Terentius Varro
ロジャー・ベイコン　Roger Bacon
デカルト　Descartes
アントワーヌ・アルノー　Antoine Arnauld
クロード・ランスロ　Claude Lancelot
サー・ウィリアム・ジョウンズ　Sir William Jones
ヘルマン・オストホフ　Hermann Osthoff
E・カール・ブルークマン　E. Karl Brugmann
フェルディナン・ド・ソシュール　Ferdinand de Saussure
バートランド・ラッセル　Bertrand Russell
マーティン・ジュース　Martin Joos
ローマン・ヤーコブスン　Roman Jakobson
ジョウゼフ・グリーンバーグ　Joseph Greenberg
エリック・H・レナバーグ　Eric H. Lenneberg
ニールス・ヤーネ　Niels Jerne
ノウム・チョムスキー　Noam Chomsky

ことばをめぐる17の視点——人間言語は「雪の結晶」である

第1章　神

「モノに名前を付ける能力」の重要性

ヱホバ神土《つち》を以て野の諸《すべて》の獣《けもの》と天空《そら》の諸の鳥を造りたまひてアダムの之《これ》を何《いか》と名《なづく》るかを見んとて之を彼の所に率《ひき》ゐいたりたまへりアダムが生物《いきもの》に名けたる所は皆其名となりぬ「主なる神は、野のあらゆる獣、空のあらゆる鳥を土で形づくり、人のところへ持って来て、人がそれぞれをどう呼ぶか見ておられた。人が呼ぶと、それはすべて、生き物の名となった。」

——創世記2：19

元初《はじめ》（と創世記風に言いますと）は、神の姿が見えることは分かりきったことに思えるかもしれません。ところが実はそうではないのです。なぜならば、意外なことに、創造主である神は、他の存在の言うことに耳を傾ける神だからです。どういうことでしょう？　まず、言語というものが、私たち人間を他のすべての動物から歴然と区別し、他の動物より上位にいることを証明する特徴であることを確認してください。一方で、旧約聖書は、その第1書（＝創世記）の中で、私たち人間が自由と創造性という天賦の資質を持った存在であることを疑いの余地もなく確証しているのです。これは一大パラドックスというほかありませんね訳注（1）。このことがどんな結果をもたらしているかは明らかです。聖書を読むと私たちは神の姿に似せて造られたと書いてあります。けれど神の顔を見たことのある人など誰もいません。となると、私たちが神の姿に似せて造られた、という言い方にはどんな意味があるのでしょう？　ここで言語が登場します。私たちが神に似ている、というのは、たぶん、私たちが言語を用いてモノに名前を付ける能力があるということを実感すれば、はっきり理解できるのではないでしょうか。つまり、創造主が私たちを創造主自身に似せて造ったということは、創造主が私たちの創造したものが本物であることを理解していた、ということになるからです。モノの名前というものは、音声と概念から成っているものにすぎませんが、それでも間違いなく立派な創造物です。しかも単なる名前ではありません。これは創造主たる神が作った創造物に私たち人間が与えた名前なのです。ユダヤ教の伝統では、人間を創造した神は、人間がモノに付ける名前に進んで耳を傾ける神なのです。

これは言語学の「卵」と言えるでしょう。文ではなくて、名前（単語）だけを扱うからです。「原子状の」言語学、と呼んでもいいかもしれません。しかし言語学であることに間違いはありません。なぜかと言えば、ある名前を考え出すことも、その名前をあるものに付けるということも、どちらも些細とはほど遠いことだからです。名前というものは、本当のところ、ただの慣習化されたレッテルではありません。少数のごく例外的な場合を除けば、ある音声が、ある名前にとって適切かどうかを私たちに教えてくれるものは何もないのです。このことは、同一のものを指す異なる言語の名前を比べてみればすぐ判ることですが、音声を考慮から外してさえ、名前は只の、勝手に習慣化されたレッテルではないのです。たとえば、自分の手を見てください。手はいくつかの部分、つまり掌（てのひら）、指、指関節、爪などに分けられる自然物であることが直観的にわかりますよね。それから、違う指に別々の名前を付けますね。可笑しな名前や、子供っぽい名前や、高貴な、あるいは科学的名前です[訳注(2)]。どの言語にも、手の構成に見られるのと同じ、各区分の名前があります。でも各区分の境界を示すために入れ墨がほどこされているわけではありません。指先と、末節骨[訳注(3)]との境界は、皮膚に阻まれて見えませんが、この2つを合わせたものは、やはり現実の世界にある物体にほかなりません。同時にその物体は、不連続な部分から成ってはいない、という意味で、密着した物体です。同じように薬指が手全体に対して持つ関係から言って、両者は密着した物体ですね。違いは、薬指には薬指という特定の名前が付いているのに、指先と末節骨をあわせたものには名前がないということです。

　幸いなことに、私たちは世界にある断片を結合させたものすべてに名前を付ける必要を感じません。時には、ある種のものに名前を造り出すと便利なこともあります。でも、ものの結合すべてに名前を付けても便利とは言えません。これは有難いことです。なぜなら、世界に存在する断片の集合は計り知れなく無限に近いものですから、子供が、壁（障碍となる壁：「障壁」）という知覚対象に直面させられて、しかもその壁が無限の補助障壁からなっており、その補助障壁にそれぞれ名前を付けなければならない、という立場に立たされたら、子供はまさしく憂き目に遭うことになりますから。もしそういうことだったら、私たち人間が壁を越えて都にたどり着くことは永遠に不可能になってしまうでしょう。つまり私たちは言語から、すなわち私たちを人類としてくれているものから切り離されてしまうからです。私たちが必要としているものは、無限の名前のリストではなく、包容力があって弾力性に富んでいるものの無限ではないカタログ、言葉を替えれば辞書なのです。

ここで一息付けたらいいのですが、そうも行きません。神と名前の話をし始めると、神の名前という問題に引き起こされる終わりのない紛糾・紛争に否応《いやおう》なしに引き込まれるからです。ユダヤの伝統に従うと、神の名は tetragrammaton です。これは厳かに敬意の表明を命ずる名です。ただ、その発音は――意味はどうでもいいのですが――不明訳注(4)なのです。こんな問題は放っておけばいい、と思ってもそれは無理です。というのは、キリスト教の最重要な祈りである主の祈り訳注(5)――それはユダヤ教の先駆に基礎を置くものです――が神の名を最初に持ち出すからです。主の祈りでは「ねがわくは御名《みな》をあがめさせ給え」と言います。つまり主の名が聖なるものと認識され、聖なるものと遇されるよう祈るのです。つまり我々キリスト教徒の神は、我々にとって名前がなく（そして何と呼んでいいか分からない）神なのですが、その一方で、その名への言及は祈りの中で中心的な位置を占めているのです。ですから、主の祈りの中でthouという人称代名詞訳注(6)とweという人称代名詞が常に交錯しているのは偶然であろうはずはありません。神の名というのは、私たち人間との関係においてのみ存在するのだ、と言ってもよさそうです。

神の名を求め遡及《そきゅう》を続けていると、また別の、克服不能な障害に出くわします。我々西欧文化の基礎を作っているもう1つの伝統、つまりギリシアの伝統に従うと、神に与えられる（役割の）名前は、「父」ではなくて「ロゴス（logos）」なのです。ロゴスとは哲学でいうように「宇宙の根本原理」であるだけでなしに、原理に肉付けをしたものでもあるのです。ロゴスという語は、さまざまに異なる時期に応じて異なる訳語を与えられてきました。この語がまったく訳されなかった時代は別ですがね。ロゴスという語に、ある時は単純な単語である「語」という訳語を与えましたし、ある時は「語」の言いかえとして「動詞」を、ある時は「数《すう》」を、ある時は「理性」という訳語を使いました（Zellini 2010）。唯一確かなことは、ロゴスという語の語源は本来、ものを収集《コレクト》すること、つまり、優れているとして特に選ばれた要素を整理編成することを指していた、という点です。ですから、logosを含む語anthology（詩文選）は、もともと「花のコレクション」を意味し、「花についての論述」を意味するのではありません。このことを言っておけば、ロゴスが本来肉に化されることを意図されたものだ、ということがお分かりになるでしょう。そう、肉体です。それ以外のものではありません。つまり、我々の肉体は、自然法則と歴史法則の混合体でして、言語と両立性があるだけではなく、言語と不可分な表式なのです。そしてこれは絶対に偶然ではありません。そういうわけで、私たち人間は語と同じ物質からできているのです。神もそうです。だから神が私たちを神の姿に似せて造ったということは、神と人間はどちらも語と同じ物資からできているということを意味するのです。人間は自由な存在です。つまりものに名前を与えるという自律性を持った存在です。私たち人間は、語が肉体を与えられた存在なのです。

こうして、話の最初から、私たちは言語に思いをいたすことが、いかに複雑で、論争的で、神秘的なものであるかを知らされます。ただし、本書のこの段階でも、確実なことが1つあり、そのことは明らかに極めて印象的です。それは、神秘さによっていかに隠されていようとも、ものに名前を付ける能力というものは、私たち人間に関する限り、私たちを人間たらしめているビッグバンなのだ、という点です。

訳注（1）「パラドックス」の原語paradoxには、「矛盾した説」に並んで「一見矛盾または不合理のようで実際は正しい説」という意味があります。『創世記』には「神其像《そのかたち》の如くに人を創造《つくり》たまへり即ち神の像の如くに之を創造《つくり》之を男と女に創造たまへり」とあって、これは人が神によって造られたも

の、いわば神の僕《しもべ》であることを示します。一方、人が「自由と創造性という天賦の資質を持っている」ということは、人が完全には神の僕ではない、自立・独立した存在であることを示しているのです。

訳注（2）スペイン語で親指を el mata piojos（虱《しらみ》殺し）と呼ぶのは可笑しな名前の例でしょうし、英語で小指を pinkie と言うのは幼児語から来ているとされます。高貴な名称は知りませんが、親指の医学的名前は英語国では pollex です。

訳注（3）指先に直結している骨。

訳注（4）ユダヤ人は神の名を口にするのを畏れ、その代わりヘブライ語で「神名」を示す4字《母音なしに JHVH, JHWH, YHVH, YHWH など》を用いました。tetragrammaton はギリシア語ですからもちろん発音できます。英語読みでは［tètrəgrǽmətɑ̀(:)n］です。

訳注（5）イエス・キリストが十二弟子に示したとされる祈り。次のような内容です。「天にまします我らの父よ、ねがわくは御名《みな》をあがめさせ給え、御国を来らせ給え、御心の天になるごとく地にもなさせ給え、我らの日用の糧《かて》を今日も与え給え、我らに罪を犯す者を我らがゆるすごとく我らの罪をもゆるし給え、我らを試みにあわせず悪より救い出し給え、国と力と栄えとは限りなく汝のものなればなり、アーメン」

訳注（6）昔、thou は you と並んで「2人称単数形主格人称代名詞」でした。今は神に呼び掛けるときを中心に使います。

第2章　プラトン（428－348BC）

言語の本質は調和にある

そして同じように、ある種の音声記号は調和しないが、音声記号の中には調和し、かつ論述を構成するものもある。

——プラトン『ソピステス』

この章で、言語は言語となります。というより、言語学が言語学になる、と言った方がいいかもしれません。創世記とは違って、私たちはもはや、隔離された原子を扱っているわけではありません。原子の結合を対象とするようになっているからです。この段階になると、単語という原子からなる分子——つまり文（sentences）——という最大の重要性を持ったものが誕生する、というか認識されると言えるでしょう。それと同時に、単語の結合すべてがうまく働くとは限らないことも認識されます。これを考慮してプラトンは harmóttein という動詞を使っています。この動詞は英語には harmonize（調和させる）、agree（一致させる）と訳すことができます。けれども、harmóttein がほかの領域から得られるという点に注目すると興味をそそられます。たとえば、木片を集めて腰かけを造ろうとしている指物師がいれば、この動詞を使って、ある木片は他の木片の1つよりも良い、という趣旨のことを言うでしょう。プラトンはこのことを意識していましたから、上の引用で単語について語る際に、「そして同じように」で話を始めているのです。というのは、このくだりの直前に、彼はまさに木片がどういう場合にうまく適応しあうかという例を挙げているからです。適応しあうということは、2つの形式が両立しているだけでなく相補的なものであるということ、つまり2形式が一緒になって新しいものを形づくり、自律・独立した存在になる、ということです。これが意味するのは、言語の本質は調和にあるのだということを認識することにほかなりません。言い換えれば、言語とはいくつかの要素を、でたらめでない方法で組み合わせるものだ、という点を認識することなのです。これこそが人間言語の構造に関する基本的なポイントです。つまり、根源的な要素（個々の音や単語）の集合から始めた場合、要素をどのように結合させても正しい構造になるわけではなく、なるものとならないものがある、ということです。言語のこういう特徴を捉えて、それに「シンタクス（syntax、統語論・構文論）」、つまり作文術（composition）という名前を付けることには時間が大して掛りませんでした（Graffi 2001, 2010 参照）。ところが、こうした正しい構造が、経験から生み出されもせず、偶然によって産まれることもない、特別な数学的性格を明示するものであることに言語学者が気付くには２０００年以上も掛かってしまったのです。こういう結果になったのは、データよりも信念・思考様式を優先させるある種の邪道的傾向のせいもあって、無視されることが多かったからです（Berwick 1985; Chomsky 2012, 2013）。こうした数学的性格に関する実験によって真偽立証可能な演繹法は今や確立されていて――そのいくつかはこの本の後の方で見ることになりますが――そのうちのあるものは定理として通用する資格を達成しています。それらの演繹法を解体して反証しようとする試みはまだ続いていますが、これは大理石の像をくすぐろうとするようなものです。

harmóttein という動詞や、それから派生した英語の harmony（調和）が、音楽、美術、建築、そして美が価値の中心である理論、つまり美学の中で用いられることに驚きは感じられないでしょう。私たちとしては、プラトンがなぜまさしく harmóttein が持つ表象を用い、他の表象を使わなかったのかを不思議に思う可能性もないではありません。けれどもソシュール（Ferdinand de Saussure　第10章参照）がかつて非公刊の手記で言ったとおり、「我々が言語という領域に身を投じてしまうと、ありとあらゆる類比が我々を見捨ててしまう」のです。おそらくどの表象を使っても同じことになってしまうということなのでしょう。けれども、単語について語る場合、正しい結合という概念を、具体的・幾何学的な観点から伝えようとする試みは、偶発的なものであるとは考えられないのです。しかし言語を考える場合には特に、要素を組み立ててまとめる方法として、ありとあらゆる種類のものがすぐに思い浮かびますね。例えば、冠詞は名詞と調和しますし、助動詞は分詞と、前置詞は動詞と調和します。そして言語的調和の中でも抜群なのは名詞と動詞の一致・呼応です。そして事実プラトンは、名詞と動詞の一致・呼応に特別な地位を与えています。特別な、というのは、プラトンがこの一致・呼応をロゴスの本質、つまり論述と合致させていることを指します。論述こそ、人間による迫真性、人間だけが作り上げることのできる、意味と、記号表現と、そして結合の規則から成る迫真性です。この迫真性こそが、今、あなた方が、まさしくこの瞬間に、このページで、あなた方自身の目で、特定の形式、つまり字で書かれた形式として見ている対象です。見え方があまりに自然なので、対象は気付かれずにすぎてしまいますが、その迫真性は実に強靭で拡張性が高いので、周囲の環境や、今、この瞬間の状況から予知される可能性がまずない知的表象を引き起こす力を持っているのです。たとえば、「たくさんのトカゲが一列になって、わざわざ動きを止めて夢見ることとさえせずに、砂漠を横切った」という表象は、現実の環境からは得られなくとも、言語表現からは獲得可能なのです。この文に限らず、文というものを理解できずにすませることを自由意思でできる人間はいません。

プラトンは、この調和が何によって創造されるかについては、私たちに説明してくれてはいません。しかしそれを直観的に明々白々なこととして提示しているので、彼と意見を異にするのは困難です。私たちは、名詞、動詞、文といった概念の定義が判らない場合でさえ、あるいは言語学に関する問題点への興味がない場合でも、they thing, they think という２つの２語連続の違いを認識するのに困難はありませんね。they think の方には調和があり、they thing には調和がありません。これは「調和」の意味が正確に掴めていなくても判るのです。イギリスの哲学者・数学者のホワイトヘッド（Alfred North Whitehead,1861-1947）が言ったように、もし西欧哲学のすべてがプラトンの対話篇への注釈をつなげたものであると考えられるなら、論述を創造する名詞と動詞の特別な調和は、独創的洞察の最高に明白な例の１つであり、そして同時に西欧哲学全般にずっと伝えられてきた概念のこれまた最高に明白な例の１つと言えます。それは言語学から論理学に、数学から人工知能に通ずるものです。そういう次第で、名詞と動詞の調和的な適合は、言語と思考のバックボーンになるのだと言えます。

第3章　アリストテレス（384–322BC）
言語の「真」と言語の「偽」

なぜならば真と偽は、結合と分離に関わるからである。

——アリストテレス『命題論』

私があなた方に、あなた方はツバメですと言ったなら、あなた方は即座に反論して、それは真ではないと言うことでしょう。けれどそれに対して私があなた方に、それは真ではないと言うことの意味は何でしょうと訊いたなら、答はそれほど即座には返ってこないと考えます。とは言っても、状況には何も不明瞭なことはないのです。現代の言語学は、論理学や数学から作り上げられた武器を用いて、「この本の読者はすべてツバメである」のような文の意味の根本的側面は2つの集合、つまりこの本の読者という集合とツバメという集合の関係として表示されるということを教えてくれます。その関係というのは、この本の読者という集合はツバメという集合に含まれている、というものです。とすると、「この本の読者はすべてツバメである」という文が真であるか偽であるかを述べるということは、表示のレベルのある種の段階では、この文に関連している２つの集合のこうした結合が正しいかどうかを述べることの可能性に等しい、ということになります。それに対して、文が「この本のすべての読者はツバメではない」であったなら、その関係は分離の関係ということになります。つまり、第１の集合の要素の中で、同時に第２の集合に属するものは１つもない、ということです。

アリストテレスは真という概念——したがって偽という概念——を言語に非常に強く結びつけました。そのため、アリストテレスの時代から２３００年も経った今日でも、私たちは言語という問題をこういう見地から扱うことからなかなか逃れられません。尤も今では、言語への接近法は新しいテクニークによって抑制されかつ向上させられていますが（Chierchia 1995, Chierchia & McConnell 1995）。けれども、誰でも知っている通り、アリストテレスはプラトンの弟子でした。で、アリストテレスにとって言語と真の結びつきは、師によって認められていた名詞と動詞の調和的適合の知識を活用することによって、一層徹底したものとなっています。ですからアリストテレスは、名詞と動詞——もっと正確に言えば主部と述部——の結合がない限り、結合も分離も存在しない——したがって真も偽も存在しない——と言ったのです。ちょっと見ると、私たちは同じことを違う単語を使って言い直しているように思えるかもしれません。つまり、「名詞」の代わりに「主部」を、

「動詞」の代わりに「述部」を使って、です。でもそれは当たっていません。一方の名詞と動詞という組み合わせと、他方の主部と述部という組み合わせの間の類似は、ギリシア語や他の言語にある「ｂｅ動詞」を考慮に入れると、消滅してしまうのです。なぜでしょう？　一歩一歩解説しましょう。アリストテレスは、文とは何かを定義する方法を見出そうとした時、一般的な説明が不可能であることに気づきました。文を使うと、命令する、問いただす、懇願する、祈る、皮肉を言う、仮説を立てる、哀願する、そして記述する、など、いろいろな目的が達せられますね。そこで様々な理由——とりわけ、演繹的推論に対する興味という見地——から、アリストテレスは、今述べた言語の基本的包容力に重点を置いて、単語の連続が文という資格を持つのは、その連続が真か偽を意味している時に限る、と言明しました。たとえば、that woman thinks（「あの女はものを考える」）は文ですが that woman who thinks（「あの、ものを考える女」）は文ではない、というわけです。アリストテレスはさらに進んで、プラトンによる名詞・動詞の呼応という、いわば骨組み的に論理的〝肉〟を与えたのです。彼は何らかの特性が「帰《き》されること」と、その特性が帰される「対象」とを区別しました。ある特性が帰される対象とは、その対象に与えられるすべての特性の支配下に存在するもの、つまり「下部に位置するもの」、「下に立っているもの sub-stance（ラテン語 sub〈下に〉+sto〈立つ〉から）」、すなわち言語学用語でいえば「主部（主語）subject（ラテン語 sub〈下に〉+iacio〈投げ込む〉から）」です。これらの用語はすべて、その語源が客観的実在を「立体視すること（ギリシア語 stereos〈立体の〉＋ scope〈射程〉から）」を啓示するものです。そしてその実体（つまり「下に立つもの」）に帰される特性を指すのにアリストテレスは、裁判における被告人、また公共の広場、つまり「アゴラ」（古代ギリシアの集会所）での演説を示す用語を用いています。それは kategoroúmenon という語で、古代ローマ末期の哲学者ボエティウス（Boethius 480-525?）のラテン語訳でいえば praedicatum（英語化すれば predicate）、つまり「他人の前で喋る」という意味を持ちます。主部と述部というのは、そうしてみると、言語学的、論理学的、存在論的、そして数学的思考の２つの礎石《そせき》であり、それがなければ合理的思考は生まれえない、という存在です。実のところ、名詞と動詞の調和的な一致の場合と同じように、主部と述部という概念を、これより単純な事実から導き出すことに成功した人はいません（今のところは）。

ともかくここで「ｂｅ動詞」の話に戻りましょう。ごく短い話になりますが。アリストテレスは、文を創り出すには主部と述部があるだけでは不十分だということを理解していました。つまり、動詞がなければならない、というわけです。でも、なぜでしょう？　動詞は述部ではないのでしょうか？　そう。動詞は述部ではないのです。アリストテレスはギリシア語では（英語でもそうですが）すべての動詞が述部ではないことを認識していたのです。言い方を換えると、何にとっても述部の働きをしない動詞が１つある、ということです。どんな特性も表現しない動詞、つまり、「ｂｅ動詞」にほかなりません。ｂｅ動詞は、その唯一の機能が時制を表すことである動詞です。

述部によって時制が表現できない場合は、ｂｅ動詞が主部と述部に次ぐもう１つの要素として義務的に用いられるのです。たとえば私は A picture on the wall was the cause of the riot.（壁に懸かっていたある絵が暴動の原因だった）と言えますが、A picture on the wall caused the riot.（壁に懸かっていたある絵が暴動を引き起こした）とも言えます。後者では caused が特性（引き起こす）だけでなく-d によって時制も表現していますが、前者では述部が名詞（(the) cause）なので、時制を表現するためには、意味は「空《から》」ながら時制を示す力のある動詞（つまり was）を使う必要があるのです。ともかく「ｂｅ動詞」に関する逸話は、長い歴史を持ち、まわりくどく、複雑なもので、中世の哲学上の諸論争に関わっており、それ以降の２、３世紀に亘るバロック時代に起こった思考の機械的性格に関する論戦に係わり、さらに19世紀・20世紀の数学への下準備となったのです。この逸話を詳しく物語るにはもう１冊の別なアルバムが必要でしょう（「ｂｅ」の歴史については Moro 2010、その概略については Moro 1997 の補遺）。

さしあたりは、アリストテレスが主張した言語と真との結びつきと、これに関連した言語を論理学の道具として研究することの可能性に注目しておきましょう。現在でさえも、この結びつきは、しかるべき所に固定されていないのです。

第4章　マルクス・テレンティウス・ウアロー(116―27BC)

言語を構成しているのは「類推」か「変則」か?

ある名詞を、我々すべてが受け入れるが、その名詞を提示した者にそれをどのように屈折させたいかを尋ねるのではなく、我々が自分自身でその名詞を屈折する時、私はそれを自然の理法と呼ぶ。

――ウアロー『ラテン語について』

英語を知っている人ならだれでもThe onx cannipted the snacknercasters. という文を知っています訳注(1)。意味は分からないにせよ、1つを超えるonxについて文を書きたいときは、文の作り方を誰にも教えてもらう必要はありません。それがThe onxes cannipted the snacknercasters. であることが、考えるまでもなく分かっているからです。私たちは、onxes・snacknercasters・cannipted などという語を聞いたことがありませんし、これらの語の意味など全く分かりませんが、それにもかかわらず第2の文を苦もなく作れることは、私たちにとって驚きでも何でもないのです。それからまた、子供たちが、何かの拍子で、誰かが何かを焼いた（baked）という話を聞き、私たち大人に向かって別の誰かが何かを taked と言ったとしても、それを叱るのではなく褒美をやらなくてはなりません。なぜならその子供たちは完全に正しい類推的演算を独力で成し遂げたのだからです。つまり、bake の過去形が baked なら take の過去形は taked だ訳注(2)というのは理屈から言えば正しいのですから。とは言いながら、私たちは子供たちに、我々人間はすべての可能世界の中で最良の世界に住んでいるわけではなく、期待がいかに合理的なものであっても、単語の中には変則的なふるまいをするものがあるということを教えてやらなくてはならない、とすぐに感じてしまうのです。ウアローが私たちに明確に教えてくれているのは、私たち人間の知識の一部は、教えられて知るものではなく、自然によって与えられているものなのだ、ということです。この観察所見は、多くの人にとって、自明で取るに足らないことのように思えるかもしれませんが、実はウアローの時代でも今日でも、決して明々白々ではない根本問題を表しているのです。この、言語における類推と変則の間の対立的関係こそが、実在に関する相異なる理論的モデルの間の根本的論争の種となっている、と言っても決して過言ではないと私は思います。というのも、この対立的関係は、ヘレニズム時代訳注(3)の一定の文献学者にとっては、エジプトのアレクサンドリア学派訳注(4)と小アジアのペルガモン学派訳注(5)との間の論争を過激化させたからです。

一方の見方からすれば、ものごとの意味——今日であればものごとの「構造」という言い方をするでしょうが――は、まだ形を成していない、莫大なマグマから、対称的な[訳注(6)]関係（類推）の自動的発達によって誕生するものですし、他方の見方からすると、構造は、対称的な規則性の莫大な格子の中にある、不測の、つまり予測不可能な裂け目によって形成されるものです。その格子の中ではすべてが第1の見方と違って自動性を持たず、どの環境でも同一（それこそ変則的）だからなのです。

　私は、変則論者と類推論者の間のコントラストほど総体的なものはほかにない、と思っています。つまり記述法がどちらか一方に決まっていて、論理学で言う通り、「第3の道はない」のです。言い換えれば、私としては「および」と言うべきか「または」と言うべきか――つまり「一方、および他方も」なのか「一方、または他方」であるのか――決められません。この困難さは、一層深い決定不可能性から発しているのです。具体的に言うと、私には類推と変則が世界の構成の本体であるのか、それとも世界がそのように構成されていると私たちが思っているだけの話なのか、判らないのです。実を言えば、私がこの問題に答えを見出すのをあきらめたのは、少しく以前のことになります。

　問題の解決法が判らないだけでなく、専門的な意見を訊こうにも、誰に訊けばよいのかが判らなかったからです。とは言っても、世界が類推によって構成されているのか変則によって構成されているのかを問うことと、言語が類推・変則のどちらで構成されているかを問うこととは異なる、ということは私にも間違いなく判っています。この差異は、理解が容易です。なぜなら、この差異の背後には、人間言語の構造――つまり言語を形作っている要素と、その要素を組み合わせてもっと複雑な構造を作り出す規則――は世界の構造から作り出されるわけではない（少なくとも完全に世界の構造から作り出されるわけではない）からです。簡単に言えば、私たちが向き合っているのは、「変則的」世界と「類推的」言語であるのか、「変則的」言語と「類推的」世界であるのか、どちらかなわけです。このことすべては、人間言語というものが存在しなかったら、つまり世界に、ある1つのもの（各個人ごとにとって1つだけあるもの、と言うべきでしょうか）、すなわち人間の脳の活動がなかったなら、そもそも、それほど関連性のあることではなく、興味のあることでさえないのです。

残念なことですが、このコンテクストでは、子供による言語獲得が自律的なものであるとする現今最大の科学的革命は、役に立たないばかりでなく、それどころか、実存に関するこれら2つの対立する見方を激化させているのです。私が「現今」と言うのは、20世紀後半のことで、この時期に初めて、言語獲得に関する理論が、ノウム・チョムスキーの業績に基づいて発展しました。チョムスキーの理論は、それまでの考え方に全く反するものでした（Chomsky 2004; Graffi 2001, 2010）。それまでの古い仮説によると、母語の形式的規則（文法の下位構成素のすべて――統語論も含み――を包摂するものと考えた場合の）は無から作り上げられるとされたのに対し、新しい仮説は、人間というものはあらゆる可能な文法を（潜在的に）すべてそなえた頭脳を持って生まれてくるのだと主張するのです。この見方からすると、学習とは、「構築」という過程ではなくて、「選択」という過程になります（Piattelli-Palmarini 1989）。言ってみれば、子供を萎縮症と死の危険にさらす文法ではなく、雑草除去の過程を生き残って安定したものとしての文法が、私たちの母語（多言語使用の場合は複数）となるのです。この過程――これにはジャック・メーレルが「忘れることにより行われる学習」という呼び方を造り出しています（Mehler 1974）――は、神経心理学研究にとっても有望に思われます。というのは、それが幼児の頭脳発達に伴うシナプス接触の際の漸減の反射作用だと解釈されうるからです。この現象についてはシャンジュの研究が有名ですね（Changeux et al.1974）。ただ、これまでのところ、誰もこの漸減の度を測りえた人はいませんし、漸減を言語獲得、更に言うなら他の認知能力の産物として説明しえた人もいません。言語の規則性と神経生理学的観察結果との間の間隔が（今になっても）圧倒的に広いことは明白でして、変則対類推の対立に対して私たちがどうすれば神経生理学上の斬新な要素を与えればよいのか判らないでいることも同様に明白（Moro 2015）です。もっと突っ込んで言えば、学習というものが、脳回路という混沌とした迷路の中でのシナプス接続の形成と安定化に相当するものなのか、それとも対称的な格子の中の回路のうち、あるものを閉鎖することに繋がっているのか、という基本的な問題が未解決のままであるわけです。もっとも、解決の糸口になるかもしれないことが、神秘の霧の中から顔をのぞかせ始めている、ということは間違っていないのですが。

類推と変則の間の緊張は実は問題ではないのだ、という可能性もありえます。その緊張は私たちがものを考える原動力になっているという可能性もあるのです。いずれにせよ、誰もがみな認識している事実が1つあります。それは、言語に関しては、ウアローが言った通り、私たちが「自律的に」知っているあることがあるのだ、ということです。


訳注（1）すぐ後の記述からわかるように、この「文」を「知っている」とは言っても、前に聞いたことがあるとか、意味が分かるということではありません。ただ、形から言って英語の文のように感ずる、ということなのです。日本人が「タバノはガケノウをチンガエする」と聞けば、意味は分からないけれども主語＋目的語＋動詞という形の「文」のように感じ、この「文」を過去形にしろと言われれば、即座に「タバノはガケノウをチンガエした」と言いかえることができるのと同じことです。

訳注（2）日本の幼児が「見る」の否定「見ない」であることからの類推で「来る」の否定を「来《く》ない」だと思ってしまうようなものです。

訳注（3）アレクサンダー大王の死（323BC）からローマのエジプト征服（30BC）に至る時代を指します。

訳注（4）前3世紀—前2世紀に形成された文献学の学派。

訳注（5）前2世紀にペルガモンに開かれた文法学・哲学の学派。

訳注（6）両者の役割を入れ替えても成り立つ関係。「太郎は花子と結婚している」は対称関係ですが「太郎は花子より背が低い」は対称関係ではありません。

第5章　ロジャー・ベイコン（1213?—1294）

人間の言語はたった1つ

文法とは、その本質において、すべての言語において完全に同一なのである。たとえ皮相においては差異があろうとも。[Grammatica una et eadem est secundum substantium in omnibus linguis, licet accidentaliter varietur.]

——ベイコン『ギリシア語文法』

ベイコンは20世紀後半に言語理論内で起こった重大な結論の1つに、700年も前に到達していたように思えます。まあ、〝思えます〟というだけかもしれませんが。その結論というのは、人間の言語は、その実質が定める限り、たった1つしかなく、諸言語の間に見える差異は、皮相な偶発物にすぎない、という考え方です。となると、バベルの塔訳注(1)の話は、錯視に貶《おとし》められてしまいます。それはちょうど、動植物の種《しゅ》の集まりが無数の異質な多数をなしているという事実が、ある意味では錯視である、と見るのに似ています。なぜなら今日ではこれらの種が単一の遺伝情報の異体にすぎないことを私たちは知っているからです。ところが事情は少々異なります。ベイコンが見かけ上20世紀後半と同じ地点に到着したのは、まるきり別なコースをたどってのことでした。彼がたどり着いたのは、多彩かつ予想外の地で、その地は、驚くべきことに今日再び現れ、私たちに新しいコースを成功裡にたどりきるよう要請しているのだと言えるかもしれないのです。

　さあ、そこで、私たちはベイコンがどのような過程で上記の結論にたどり着いたかを理解せねばなりません。当然ながら、経験的証拠に基づいたものではありませんでした。当時はまだ真偽立証[訳注(2)]という現代の概念はまだ発生していなかったからです。ただ、中世は他の点では啓蒙された時代でしたから、支配的だった哲学的伝統はベイコンの結論に別な動機付けを与えたのです。ベイコンがその思考の基礎とした中心的定説は、私たちが実在を解釈する時の「様態（modes）」、記号が実在を表示する「様態」、そして物体と事実が存在する「様態」が宇宙的統一性の中で相互反映的な関係にある、という想定と全面的に一致していました。この伝統は、「様態的（Modistic）」伝統と呼ばれ、「思弁的文法（speculative grammar）」として知られる特定の文法論を生み出しました。思弁的文法とは、「実践的」文法と明示的に対比されています。このことは、speculative という語の語源が持っている、文法は将に鏡のように世界を映し出す（Pinborg 1982, Graffi 2010）[原注(1)]という、想像上の、しかし示唆に富む概念をある人々に思い起こさせるのです。実在の、つまりさまざまな人間の様態が、言語の差異があるにもかかわらず、当然ながら、普遍的なのですから、論理からして、文法の構成様態もまた普遍的ということになります。したがって、差異がもしあったとすれば、それは偶発的なものにすぎないわけです。この結論は、経験的証拠無しに達せられていますが、そのことには問題はありません。重要な問題であるのは、ここには核心的なテーゼ、つまり「言語は世界を映し出す」が登場している、という事実です。これは取り扱いに非常な注意を要する問題です。意外に思えるかもしれませんが、私たちが経験的論議を根拠として決定しなければならないのは、まさにこのテーゼなのです。この論議を行えば、私たちが言語をどのようなものとして理解しているかが明らかになり、それによって人間の精神、そして人間という種をどのように理解しているかが明らかになるはずです。一歩一歩進んでいきましょう。

空に星が1つしかなければ私はそれをstarという語で呼ぶ、という例から始めましょう。つまり私は世界の中のある1つのものに恣意的なレッテルを与えているわけです。もし星が2つあれば、私はそれらをstarsと呼びます。英語では-sという形が語尾につくと何かが1つを超えて存在することが示されます。同様にfrog/frogsという対比もあります。複数形というものが世界のあるものを（私たちの知覚を通じて）文法に組み込む方法の1つであることを否定するのは困難です。もちろん、-sが複数を示すというのは偶発的です。例えばイタリア語では複数は語尾の母音の変化で示されます（stellaは「星」の単数で、複数はstelleです）。母音の変化には他の種類もあります

（anatroccolo は「単数の仔鴨」で、anatroccoli が「複数の仔鴨」です）。複数形の多様性は別に問題ではありません。真の問題は、はるかに深遠な問題です。そしてそれは、ベイコンの核心的テーゼ、すなわち、「人間の諸言語が持つ、偶然に起因しない規則性は、すべて世界の何らかの性格が（私たちの知覚を通じて）文法に組み込まれたものなのか？」という疑問に再び辿り着くのです。この疑問に対しては、否定的答えを出す原因が、特に統語論の領域では、いくつもあり（Tettamanti & Moro 2012　さらに Hickok 2014 も）、したがってベイコンの結論の動機となった考えは徹底的に反証されてしまうのです。ベイコンの結論は20世紀末の言語学の考えと非常に似たものだったのですが。

人間言語のどれをとっても、その統語論の核心には、世界の構造からは導くのが難しい数学的諸特性が存在するのですが、これはベイコンが知りえなかったことでした。たとえば、そしてこれについては後にも触れますが、こうした特性の中には、（潜在的に）果てしなく繰り返しが可能な手続きが含まれています（Chomsky 1956, Hopcroft et al. 2006）。これは強力なチャレンジで、どう立ち向かえばいいのかは、明確ではありません。１つの方法として考えられるのは、反例を探して、どういう特性が見つかれば統語論が世界の構造からは導きえないことが納得できるかを自分たちに問うてみることです。確かなことは、もし素数に基礎を置いた統語論規則が見つかれば、その悪魔のような文法は、定義からして、世界の構造から導き出されたものではありません。なぜなら（少なくとも一定の量子物理学者が正しい限り：Derbyshire 2003）自然の中には素数と同じパターンを持つものは存在しないからです。ともかく、このようなタイプの悪魔的証拠がなくとも、私たちが利用できる証拠は複数存在します。

無限ということに関連した一連の特性については、すでに言ったとおりまもなく再び取り上げますが、その中にはベイコンの核心的テーゼに直接関係しているので私たちが利用できるものが少なくとも1つあります。ベイコンの核心的テーゼとは言語は世界の事実を取り込んだものだ、ということでしたね。この特性は言語の最も驚くべき特徴の1つです。それは何かというと、Big Ben is not in New York.（ビッグベン《英国国会議事堂の大時計塔》はニューヨークにはない）のような否定文を作り出す能力です。驚くかもしれませんが、否定というのは、言語だけが持っている特性です。だって、「否定的刺激」とか「偽なる事実」などということを口にしても何の意味も持たないでしょう？　つまり、ビッグベンがニューヨークにはないという事実に対応する明白な刺激などというものは存在しないのですから。むろん実現していない見込み（ビッグベンはもとはニューヨークにあったのだけれど今は移動されてしまった、とか、ビッグベンがニューヨークにあったならさぞ良かろうに、など）や、「ビッグベンはニューヨークにはない」という文と矛盾しない無限の数の事実は存在します。けれど、真であるのは、ビッグベンはロンドンにあるという事実だけなのです。

否定は、言語が世界を「取り込む」という考えの反証とどういう関係があるのでしょうか？　この2つの点の結びつきは、比較的非直接的で、直観に直接訴えるものでもなく、説得力不足であるとさえ言えます。けれども私にはこの関係は新しい認識を提供していると思えるのです。そう考える動機は、ある実験から来ています。fMRI[訳注(3)]を用いたその実験で、私たちは、否定――純粋に言語的な事実にすぎません――が、運動性活動についての文表示に含まれる脳回路を活動させることを発見したのです。もちろん、言語学は、他の経験科学と同じことですが、ものごとを「立証」するものではありません。私たちにできるのは、ある仮説に「有利な」データの収集を試みることだけです。とはいえ、否定に関するデータは、人間言語の構造のすべてが世界構造を文法に取り込んだ産物であるとする仮説を到底受け入れ難いものに貶《おとし》めます（Tattemanti et al. 2008a, Tattemanti & Moro 2012）。具体的には、このデータは、知覚や移動の構成よりも文法の方が優位に立つという考えに支持を与えるもので、この見方は他の提案とは対立するものです（Corballis 2003 参照）。立証責任は、今や、（運動計画性と知覚への）還元主義的立場を支持する人々の方に懸かっているわけです。

　気を付けていただきたいのは、文法が世界によって造られているのではないということは、決して言語が物理的に支えられたものである可能性を排除するものではない、という点です。それどころか事実、言語は物理的に支えられたものなのです。物理的対象としての言語は、2つの異なった領域にいわば生息しています。頭蓋骨の外側と内側という2領域です。不思議なことに、どちらの領域でも言語は波の形をしています。外側では空気の機械的波、つまり音波で、これが1つの口から1個人ないし複数の個人の耳へ空気を通じて情報を伝えます。内側では、脳細胞ネットワーク内の電波で、これによってニューロンは各種の複雑なネットワークの中での情報を計算するわけです原注(2)。神経生理学的研究によれば、私たちが文を聴くと、脳の電気生理学的活動は、音による情報を周波数特定的に保持することが判っています。つまり、音声を構成する異なる要素は、内耳で受容された後、脳の中の別々の位置に伝わるようになっているのです。これはそれほど驚くことではないように思えるかもしれませんが、それでも、音声が電波に変換されてしまうと、音波は認識不可能となる、という可能性だってあり得たかもしれないのです。それはともかく、言語が私たちの頭蓋骨の内側だけに閉じ込められている場合はどうなるのでしょう？　つまり、文を黙読する――おそらく読者が今やっておられるように――場合とか、心の中で考えを練っている時です。私は、同業者と一緒に、実験を通じてこの問題への答えを捜しました（この実験、およびそれに関連した実験については Magrassi et al. 2015 および Moro 2015）。その実験では、覚醒手術法訳注(4)――術中、被験者の大脳皮質は測定効果の理由から一時的に露呈されます（Calvin and Ojemann 1994）――を用いて「非聴覚領域」（特にブローカ領訳注(5)）のニューロンの電気的活動を測定し、被験者が誰かが何らかの文をしゃべっているか音読しているのを聴いている場合と、被験者がものを黙読、つまり音声を一切出さないで読んでいる場合とを比較したのです。結果は驚くべきものでした。ニューロンの電気的活動はどちらの場合もほとんど同一だったのです。これが示しているのは、（健聴者の場合）音声の表示は、他の点で完全に神秘的である活動の皮相的で末梢的な仮面などではなく、言語構造の生成と解釈に本質的に深く関わったものである、という点です（また、孤立して与えられた個々の単語に対する反応と、本格的な文に仕立て上げられた単語連続に対する反応との間にも相違が示されました）。最初の謎解きは、私たちが言語的思考を解読するときにニューロンが使う電気的暗号の解読として起こりました。fMRI を用いて、私たちは解釈がどこで行われるかを突き止めたのです。そして電気生理学を通じて、私たちは解釈が何から出来上がっているかを解き明かし始めています。このことによって私たちは、ペプル（Poeppel 1996）がかつて念じたように、神経言語学が初めてその真の意味で出現するところに差し掛かっているのです。

注目すべきことは、この研究結果が、内語訳注(6)というものがあるという主観的感覚に経験的正当性をあたえるという事だけではない、という点です。それは同時に私たちの言語に関する思考に、脳の電気的活動を直接に測定することによって到達する路を拓いたのです。この結果、純粋に言語学的な問題に加えて、臨床的、進化論的、倫理的諸問題に係わる明白に興味深く、と同時に厄介な帰結がもたらされています。私たちが使う文は、波の材料と同じ材料からできていて、私たちの頭の内側でも外側でも同じ形をしているのです。

この章の前の方でベイコン関連で挙げた点に話を戻しましょう。科学の考察においては、経験的な方法に依る場合にのみ確実な結論が得られる、という考えに関する限り、何人かの人が――私もその1人ですが――ガリレオがいろいろな重さの物体を作ってそれをピサの斜塔から落とすとか、その落下速度に関する複雑な測定をするなどということで時間を浪費しなかったことに驚きを覚えたのではないかと思います。ガリレオにとっては、物体というものは重さに関係なく着地するまで同じ時間がかかるという合理的論拠だけで十分だったのでしょう。もし軽い物体と重い物体が異なる落下速度を持っていたなら（重い方が速く落ちるとしたら）、その2つの物体を結び付けて落とすと、矛盾した結論に導かれてしまいます。つまり、両方を合わせた重さであるのに、軽い方が重い方の落下速度を遅くしてしまう、ということになるわけですから。明らかなのは、世界を理解する上で、合理的論拠と経験的証拠の貢献度は、可変後退翼[訳注(7)]を持っている、ということです。

原注（1）以下は英訳者による注です：「鏡」にあたるラテン語の単語は speculum です。

原注（2）もっと正確に言いますと、言語が私たちの頭蓋骨の外に出るのは、音波に加えて、いろいろな形態があります。たとえば書字です。事実この場合も音は音波で編成され、光の電磁波は書字によって形づくられます。書字システムが音韻論的な基礎を持つのか表意的基礎を持つのかは、また別の問題です。重要なのは、書字の物理的刺激は、当然ながら、聴音的刺激を含んでいない、という事実です。特に、言語が書字される場合、線状的であるかどうかは重んじられず、連鎖全体が同時に出現します。もっとも、書かれたものを読むときには、私たちはまた線状性にもどって、一語一語構文分析するほかないのですが。

訳注（１）ノアの洪水の後、バベルの町（＝バビロン）の人々が天に届くような高い塔を建てようとしましたが、これが人間の傲慢であるとして神の怒りに触れ、人間言語は神の力により混乱させられ（＝単一であったものがいくつもの異なる言語となり）、塔は完成しなかった、と旧約聖書創世記にあります。

訳注（２）科学において真実を知るためには、仮説を立て、その仮説からの演繹的推論によって、経験的事実・現象が説明されればその仮説は真であり、されなければ偽である、とする考え方。

訳注（３）機能的核磁気共鳴画像法（functional magnetic resonance imaging）。脳や脊髄の活動に関連した血流動態反応を可視化する方法の１つ。

訳注（４）術中に患者を覚醒させ、運動・言語機能、高次脳機能の局在を同定し、神経機能を実時間でモニターする手術方式。

訳注（５）今井邦彦『なぜ日本人は日本語が話せるのか―「ことば学」20話』２００７．大修館書店：10ページの図を見てください。

訳注（６）英語では inner speech と言います。内在化され、音声を伴わない言語。多くは自分自身との沈黙の対話という意味で使われます。

訳注（７）飛行機の翼のうち、根本より端の方が後方に位置するものを後退翼と呼び、直線翼（後退角のない翼）よりも高速飛行に有利ですが、離陸や着陸のような低速度の飛行には、直線翼に比べ安定性がよくありません。可変後退翼は、高速度では後退角を大きく、低速度では後退角を小さくして、それぞれの特徴を１つの翼で得るための翼です。

第6章　デカルト（1596―1650）
人間言語と動物の伝達システム

人間の中で、いかに愚鈍で愚かであろうと、いや、白痴であってさえも、それゆえに異なる単語を組み合わせ、それによって自分の思考を他人に理解させる言明を構築できないという人はいない。一方…それに対して、他の動物の中には、いかに完全であっても、また幸運な境遇にあっても、上記の人間の能力を発揮できるものは、一種もいない。

――デカルト『方法序説』第5部

上の引用の内容は些事ではありえません。なぜなら、4世紀もあとになって、アメリカ言語学会総会の講演で会長・スティーヴン・アンダスンにより同じ内容が確固として述べられているからです。アンダスンの言葉を引用しましょう。「他の動物の伝達システムは、不連続なメッセージの数少ない決まりきった集合に基礎を置いているだけであり、その内容はほとんどその時点・その場所に限られており、人間言語と違い、メッセージが過去・未来、他の場所に言及することはない。人間以外のどの種のメッセージをとっても、その目録は固定した一覧をなすだけで、メッセージの要素をいろいろに組み合わせてより複雑なメッセージに拡大したものは含まれていない」。この言明には、混迷と目される見解の２つの明確な源泉が指摘されています。その第一は伝達をする「能力」と、伝達をする際に使われる符号の「構造」との間の混同です。すべての動物が伝達を行うのは確かです。ハチドリはハチドリと、アリはアリと、イヌはイヌと、ネコはネコと、そしてイヌはネコとも、ハチドリはネコとも伝達をする、という次第です。もちろん、伝達ということが、ある個体から別の個体へと情報を移動させる、という事に過ぎなかったら、植物のケシも、花粉を交換するのですから他のケシと伝達をしていることになってしまいますね。でも、メタファー的意味でなければ、ケシに言語があるとは認められませんね。動物の場合は植物の場合より注意を要します。特に、動物の中には思考に基づいて伝達を行うものがいるからです（ネコが自分のテリトリーを刻印するために放尿する場合のように、間接的・象徴的な伝達をするものもいます。ただしTattersal 2012）。ですから、思考と伝達を、それ以上の区別なしに言語と結び付ける人々にとっては、これらの動物は言語を持っているという結論から逃れるのが難しくなってしまうのです。

これに対して、言語の「構造」、つまり情報を伝える符号の構造に注意を集中すれば、少なくともこの問題に経験的に取り組もうとする人にとっては、この困難は解消します。最も印象的な例は、チンパンジーの赤ん坊に対して行われた実験だったと言えます（Terrace et al. 1979）。1970年代に、ある研究者集団が、他の人間を排除し、赤ん坊のチンパンジー1頭と一緒に暮らし、米式手話法だけを使って（研究者間でもチンパンジーに対しても）話しました。そして赤ん坊チンパンジーと人間の赤ん坊の発達を比較したのです。これは決定的に重要な動きでした。この研究の目的は、チンパンジーが言葉を使えないのは喉頭や他の音声器官の造りが人間のそれと異なるからだという執拗な（そして根拠のない）人間外言語不在論に対する反対意見を最終的に打ち砕くところにありました。研究成果は決定的でした。最初のうちはチンパンジーの赤ん坊と人間の赤ん坊の言語的発達は実質的に平行線をたどっていました。どちらも約120語ほどの語彙をマスターしていました。そのあとは、突発的に、人間の子は語を組み合わせることによって、それまでとは異なる、繊細ではるかに複雑な意味を表現できるようになったのです。語順の差で異なる意味をあらわすことは、人間にとってはごく当たり前な現象なので、私たちはそのことに気付かないことさえあります。3つの語、たとえば Cain, Abel, killed を使って私たちは意味が逆な2つの文、つまり Cain killed Abel.（カインはアベルを殺した）と Abel killed Cain.（アベルはカインを殺した）を作り出すことができます。人間言語という符号が持つこの特質を私たちは「統語論」と呼びますが、これはチンパンジーにはそもそも備わっていないのです。しかも問題は、なにも名詞と動詞の提示順序に限っているわけではありません。例をあげましょう。英語国民の子供は、動詞無しの単純な2語文を創り出すことができます。たとえばDaddy here（パパ・ココ：意味は「パパはここにいる」）、hat red（ボーシ・アカ：意味は「その帽子は赤い」）などです。さて、3語文が使えるようになるとどうでしょう。たとえばDaddy hat here（パパ・ボーシ・ココ：意味は「パパの帽子はここにある」）では子供は大躍進を遂げます。別に新しい単語が使われているわけではありません。統語論が新しい意味（この例では「所有」）を生んでいるのです。これは、人間の幼児がチンパンジーの赤ん坊を凌駕しているたくさんの同様な例の1つにすぎません。

現今では、統語論が人間の伝達用符号と他の動物伝達用符号との間の最重要の差異だ、ということは、確定された事実だと考えられています（Anderson 2008）。この認識から出発して、統語構造の、相異なるけれども相互関連のある3つの側面に関して今や研究が行われています。この3側面はこの問題に対する主要な難問で、かつそれは言語学だけに係わるわけではありません。

最初の難問は、複雑な構造の産出を可能にしている基本的な数学的特性を明示的かつ厳密に解明することです。ことに階層的構造――それは続いて線状化され、単語の連続となるわけですが――を生成する潜在的に果てしなく繰り返し可能な手続きをどのように解明するか、です。階層的構造の例としては、1つの文の中に別な文が含まれ、その文がさらに別の文を含んでいる…といったケース（これが再帰性〈recursion〉[訳注(1)]の理論です）があります[原注(1)]。

第2の難問は、異なる言語の間にある統語論的差異（パラミタ論[訳注(2)]）、および同一の言語内における統語論的差異（局所論訳注（3））を、形式上整った形で捕捉し、それによってそうした差異を一定数の原則に切り詰めることです（Rizzi 1990, 2009 ; Manzini 1992 ; Longobardi & Roberts 2010）。次の点を指摘しておくことが重要でしょう。局所論は基本的な諸手続きによって生成される再帰的構造への濾過装置《フィルター》として働いているわけですが、その働きはあくまでも階層的関係に基づいているのであって、決して線的関係に基づいているのではない訳注（4）、という点です。再帰的基礎に対するこの構築と選択とによる相互作用は、すべての人間言語の、そして人間言語だけの性格を明示的に定義する特性です。もし仮に人間以外の動物に再帰的システムとか、自律的な組織化を行える人工システム（たとえば神経回路網《ニューラルネットワーク》訳注（5））が見つかったにしても、選択用の濾過装置を持たないのであれば、この種の伝達体系は、複雑度という点で人間言語にはまだ遠く及ばないと言うほかありません。つまりそれは局所性の原則を欠いているからです。

　第3の難問は、この再帰性選択の体系が、私たちが最近やっとその姿を掴み始めたばかりの機能的神経生物学的メカニズム（Moro 2013, 2015）を基礎に、なぜ人間の脳においてのみ実現されうるのかを把握することです。

　いずれにしても、私たち人間を他の動物と異なるものにしているのは、言語の構造に違いありません。私たち人間は、個体ごとに発達の歴史を、孤独に、第一歩から繰り返す必要がありませんが、こういう種は私たちだけです。言葉を換えれば、私たちには進歩が付いて回ってくれるのです。つまり、２歳で車輪を発明し、６歳で火を発見し、21歳で電気を発見するわけではありません。私たちの誰もが、他の人々がすでに発見したもの・ことから出発するのです。これはクモには当てはまりませんね。クモは巣を自分の父親や祖父が作ったのと完全に同じ方法で作ります。クモの巣は極めて正確で（Levi-Montalcini 1987）、非常に複雑なものですが、世代によって変わるということはありません。人間の書き言葉は、これも驚くことに神経生物学的専用回路に基礎を置くもの（Dehaene 2009, Magrassi 2010）で、重要ですが、不可欠ではありません。こういうことを前提に考えれば、人間の歴史と進歩は言語の構造に起因するものであり、伝達そのものに起因するのではない、という結論は不可避であると言っていいでしょう。

　私はこれが、人間以外の動物に言語があるか、という疑問に対する妥当な答えであると考えます。もしこれが妥当でなければ、私はアラン・テューリングを引用するほかありません。テューリングは、コンテクストは異なりますが、次のように言っています。「本来の設問（＝〝機械は考えることができるか?〟）を、私は意味のないものだと考えるので議論の対象にはならないと思う。とは言いながらも、今世紀の終わりごろになれば、ことばの使い方や教育ある階層の一般的意見が十分に変化していると考えられるので、機械が考えるという趣旨の話をしても反駁される心配はなくなっていると思う」（Turing 1950）。この言葉は、私たちの議論にも該当すると思います。ただ、危険なのは、「言葉を使う」という言い方が、チンパンジーだけでなく、ケシにも当てはまるような使い方まで押し広げられてしまうことでしょう。

原注（1）Chomsky (1956, 2012), Kayne (1994, 2011), Moro (2000, 2009).

訳注（1）[$_1$John knows [$_2$that Mary thinks [$_3$that Bill smokes]$_3$]$_2$]$_1$. では[$_1$…]$_1$の中に[$_2$…]$_2$が、[$_2$…]$_2$の中に[$_3$…]$_3$が含まれています。これが再帰性の例です。

訳注（2）動詞句の中では動詞が主要部、目的語は補部であるというのは普遍的ですが、どちらが先に位置するかは言語により異なります。日本語では「太郎は毛虫を食べる」のように主要部が補部より後に来ますが、英語では John eats caterpillars. のように主要部が先に来ます。この違いを説明するため、普遍文法には[±主要部先頭]という「パラミタ（媒介変数）選択」があり、日本語（やトルコ語、ヒンディー語）の話者は[－主要部先頭]を選択し、英語（やフランス語、中国語等）の話者は[＋主要部先頭]を選択する、と考えるのです。

訳注（3）（i）Who do you think saw what?（あなたは誰が何を見たと思いますか？）

（ii）*What do you think who saw?（あなたは何を誰が見たと思いますか？）

はどちらも[You think who saw what?]のような構造から who ないし what の移動により派生したものとみなされますが、（i）は文法的、（ii）は非文法的です。これは「2つの要素がどちらも移動できる場合、移動距離の短い方、つまり、より局所的な方が移動を許される」という原則から説明されるのです。

訳注（4）訳注（3）の例で（ii）が阻止されるのは、$[_S$ You think $[_S$ who $[_{VP}$ saw what$]_{VP}$ $]_S]_S$（S=sentence（文）、VP=verb phrase（動詞句））の中でwhatがwhoで始まる文の中のさらに内側の［　］、つまり動詞句の中の要素である（つまり構造の上でより階層が低い位置にある）からで、whoよりうしろ、という線的関係に基づいているのではない、という意味です。

訳注（5）脳の神経系をモデルにしたコンピューターの情報処理システム。

第7章　アントワーヌ・アルノー（1612―1694）とクロード・ランスロ（1615―1695）

言語の縮約（再帰）性と余剰性

人間は、生来、その表現を縮約しようとする。

――アルノーとランスロ『一般・理性文法〈Grammaire générale et raisonnée〉』

ものぐさ癖、縮約好きということは、性格の1つの特色で、広く行き渡ったもの、と考えて差し支えないと思います。けれども、ものぐさでも崇高なタイプのものぐさが、言語構造に決定的な影響力を持っているということは、誰にでも明白にわかるとは言えません。明確に証明されなければなりません。『一般・理性文法』は西洋の言語学史上の主要な文書の1つですが、この中でアルノーとランスロが上記の原則を提示した時、彼らはアリストテレスを想起させるような対照例、たとえば Peter caused the riot.（ピーターが騒動を引き起こした）と Peter was the cause of the riot.（ピーターが騒動の原因だった）のような対を考えていたのでしょう。ただし、通常の場合、時制は動詞の屈折の形態を持った述語である単語（この場合 caused）の中に表現されます。だから3語（was the cause）よりは1語（caused）を選ぶのです。同じように Peter is the walker.（ピーターは歩く人である）と言うよりは Peter walks.（ピーターは歩く）の方を優先させるのです。この原則は単純・簡単なことに見えますが、実際にはごく一般性の高い、幅の広い効果を持っていて、その理論的な影響力には驚くべきものがあります。どうしてそうなるかを見て見ましょう。

「縮約」（経済性とも言い換えられます）原理のもう1つの例を、アルノーとランスロは Invisible God created the visible world.（目に見えぬ神が目に見える世界を創造した）という文を使って示しています。彼らはこの文を次の3つの文が結合したものとして分析しています。God is invisible.（神は目に見えない）; God created the world.（神は世界を創造した）; The world is visible.（世界は目に見える）。ここに私たちは、デカルト哲学の最も重要な原則が働いているのを容易に見ることができます。すなわち、複雑なものは、より単純な複数の要素の相互作用の結果生ずるのだ、という原則です。言語もまた、この組み立て原理に従って分析され得ます。この例は数多く存在し、その中には1つの文を他の文の内部に包み込ませるという手法も含まれます。2つの文、たとえば Joshua lives in Manhattan.（ジョシュアはマンハッタンに住んでいる）、Joshua is going to see the Seagram Building.（ジョシュアはシーグラム・ビルを見物に行く）をただ並べ立てるのではなく、Joshua, who lives in

Manhattan, is going to see the Seagram Building.（ジョシュアは、マンハッタンに住んでいて、シーグラム・ビルを見物に行く）のように言う方を私たちは好みますね。こうした「縮約」——1つの文（関係節）を別の文（主節）の内部に含ませる——が、すべての人間言語が持つ、そして人間言語だけが持つ独特な戦略であることは、眼鏡などかけなくとも、はっきりと見て取れます。つまり、あるタイプの構造が同じタイプの構造の中に包接されている状態で、これは「入れ子構造」と呼ばれることがあります。

この、ロシアの「マトリョーシカ人形」式効果は、専門用語を使えば「再帰」として知られていて、少なくとも2つの極めて意義のある重要性を持っています。その一方はごく判りやすいことで、文の中の2語の関係は、固定的な距離には左右されない（なぜなら他の語を統語論的に許される形で挿入することが常に可能なので）、という点です。もう一方は、決して判りやすくないことですが、統語構造の中では、真に重要な唯一のことは、互いに埋め込まれている構造同士の関係であって、語が置かれている順序ではない、という点です。このケースについても、簡単な例がこのあたりの事情を説明してくれます。私がJohn runs.と言えば、私はこの2つの語の間の文法上の一致を正しく実現したことになります。そうでなしに、もしJohn runと言ったなら、私は一致を欠いた、不調和な語連続を作ってしまったことになります。でもJohn runという語連続が容認不可である、というのはいつでも真実でしょうか？　そんなことはありません。自然言語というものは驚くべき性格を持っているのです。容認不可な語連続も、他の「正当な」語が前に来れば（あるいは後に来れば）容認可能になるのです。今の例で言うと、正当な語は people who know なのです。これらの語を加えると John run は容認可能な、いや、それどころか完全無欠な People who know John run.（ジョンを知っている人々は走る）になるのです。ここで重要なのは people と run の距離の長い関係です。埋め込まれた文（who know John）は、動詞 run の一致にとっては何の重要性もありません。そして明白なのはこのプロセスの文はそこに存在していない、という印象さえ与えるくらいです。これは無限に続きうるという点です。[People [who [my sister claims [love John]] run].（ジョンを愛していると私の姉が主張している人々は走る）、[People [who [Fred says [my sister claims [love John]] run]．（ジョンを愛していると私の姉が主張しているとフレッドが言っている人々は走る）等々です。このプロセスが繰り返されるたびに people と run の間の距離は長くなり、構造は一層入れ子の度合いを増します（距離と入れ子度に限界を付けるものがあるとしても、それは記憶の限界だけです）。現代の言語学の中で最も魅力に富み有望な研究課題の1つは、すべての統語論的規則を再帰的関係に統一しようとするところにあります。この課題はまた、あと2つの人間特有の認知領域、つまり数学と音楽の特性でもあるのです。もちろん、私たちとしては、こうした再帰的形式関係が、神経心理学レヴェルでの実質的に再帰的な過程と同類かどうか、またもし同類であるとすればどのような形で同類であるのかは判っていません。けれども、いくつかの試験的な実験結果は、この仮説に対する肯定的支持材料を提供し始めています（Abutalebi et al.2007; Pallier et al.2011: Moro 2011a）。

この章の初めで扱った縮約の原理に話を戻しますと、縮約とは逆の、もう1つの力が、対立的な意味で、言語の中で活動していることを私たちに教えてくれます。例として This boy runs, dances, hops and skips.（この少年は、走り、ダンスをし、ひょいと跳び、ぴょんと撥ねる）のような語連続を挙げましょう。この文では、同一の情報、つまり主語が単数であることが5回も示されています。まず指示詞の this（these ではなく）によって、そして4つの動詞全部に -s が付けられていることによって。この対立的力は裸眼でも見ることが可能で、もう一方の力と同じだけの勢力を持っています。これは情報過剰の原理でして、「余剰性」と呼ばれるものです（de Mauro 2007 と同書中の参考文献）。

けれども、余剰性は再帰性に抵触するものでは決してありません。ですから文法は、ものぐさだけに依拠しているわけではなく、気前のいい繰り返しにも依存しているのです。でも話はそれだけではありません。経済性の原則は、他の事実、たとえば、代名詞は話し手の息の節約のための一方法だという（誤った、しかし直覚的にはいかにも正しそうな）考えとの関係で困難に陥ります。例を挙げると、私たちは、The woman that Dante loves thinks that the woman that Dante loves is beautiful.（ダンテが愛している女性はダンテが愛している女性は美人だと思っている）とは言わずに、The woman that Dante loves thinks that she is beautiful.（ダンテが愛している女性は彼女〈自分〉は美人だと思っている）と言いますね。ところが実は「バック／ピーターズ文（Bach-Peters sentence）」として知られる反例が存在し、これは「代名詞は何かの代替物と解釈される」という、一般に信じられている仮説を反証してしまうのです。実例として The woman who married him thinks that the man who loves her is crazy.（彼と結婚した女性は、彼女を愛している男は気が変だと思っている）という文を使いましょう。代名詞の解釈は、代名詞の代わりにそれが指している語連続を用いれば得られる、という考えを試してみると、無限後退に陥ってしまい、意外や意外、文の意味がつかめない、ということになってしまうのです訳注(1)。

この問題はここで諦めるほかありません。というのも、言語というものは、自然の他の多くの側面と同じように、全面的に統合的でもないし、全面的に余剰的でもなく、両者の間の均衡を示すものなのですから。確かなのは、縮約の原則は、膨大な発見的価値を持つ主導的案に直接結びついてゆく、という点です。複雑性というものは、頭脳という領域の中も、単純な成分の相互作用から生まれるものなのです。

訳注（1）著者の例文をまずおおよその構造を表す［ ］付き形式で表してみましょう。

（·i）［［The woman who married him $_i$］$_j$［thinks［that［the man who loves her$_j$］$_i$］is crazy］

（·i）では、him と［the man who loves her］に i という符号が、そして［The woman who married him $_i$］

とherにjという符号が付いていますね。これは、

（ii）himは［the man who loves her］を指している。

（iii）herは［The woman who married him］を指している。

ことを表しています。となると、himの解釈は、（ii）に見る通りその中にherが含まれるので、herが解釈されなければ完了しません。そこで（iii）を見るとherの中にはhimが入っているので、解釈のために（ii）に戻ると、そこにはherがあり…という具合になり、終わりがありません。これが著者の言う「無限後退」なのです。

第8章　サー・ウィリアム・ジョウンズ（1746–1794）

異なる言語同士の関係

いかなる言語学者であれ、この3言語［サンスクリット、ギリシア語、ラテン語］すべてを検索すれば、これらがいずれかの共通の源泉から生じたことを固く信ずるであろう。その源泉はおそらくもはや存在しないであろうが。

——ジョウンズ：王立ベンガル亜細亜協会会長挨拶　1786年2月2日

結婚披露宴などで2人のよく似た人物を見かけた場合、2人は親族なのだろうと考えるのは自然ですね。何の不思議もありません。一方、地球の反対側まで旅行で行って、近隣の知人にそっくりな人物を見かけた場合は事情が違います。一種のディレンマですね。似ていることが完全に偶然なのか、それとも2人が親族なのか、です。誰でも知っている通り、「類は友を呼ぶ」ですが、ジョウンズの言葉はそれを超えています。2人の人物が似ているなら、その2人は先祖が同じに決まっている、というのですから。もしあなたの好奇心がそうするに十分なだけあったならば、あるいはこれが推理小説だったなら、あなたはドッペルゲンガー訳注(1)という謎を解き明かそうとする――調査研究を始めて2人の家系図を精密に示そうとする――ことでしょう。つまり、何か未知のものを探そうとするわけです。なぜならあなたが得ているデータは、謎の背後には何かが存在するということを確信するのに十分なだけの確かさを持っているからです。

いやしかし、と反論する人がいるかもしれません。科学は推理小説ではなく、この場所、この時間に存在するものを測定し判断するものなのだから、と。この反論は正しいでしょうか？　違います。ここにジョウンズの直観の偉大な価値があるのです。いわゆる客観的データの中には、もはや存在しないものを分析する方法が開発されて初めて理解可能になる、というものがあるのです。つまり、現在残っているものを基礎にしてかつて存在したに違いないものを再建する、という方法です訳注(2)。こう言っただけでは大したことはないように思えるかもしれませんが、実はすべての科学はこのジョウンズからの引用の陰に隠されているのです。数学だけは別です（理に適った話です）が。それに、今日断片として残っているものは、もし過去の物語に継続されていなかったならば、理解からはほど遠いものになっているでしょう。

言語学にとって、これはいきなりの、突発的変化でした。自分たちがギリシア・ラテンという古典語に加えて、現代の各国語、さらに痕跡の残っているすべての言語を研究せねばならぬことは、何世紀にも亘って意識していたわけですが、今や、何の記録も残っていない——印欧祖語の子孫である印欧語の中に刻印されている標識を除けば——言語をも研究するのが重要であることに言語学者は気付いたのです。このようにして、その存在そのものがデータを理解する路を示している種類の言語が提案されました。同じように、新しい諸世界が全面的に、多少の証拠を手がかりに再建され、突如として、また意外な形で提示されました。いくつかの詳細から出発して、それを基礎に諸世界全体を作り上げるというのは、確かに人間の本来的性向と言えましょう。トールキン訳注（３）がそれを行いました。自分が発明したいくつかの言語について壮大な叙事物語を書いたのです。トールキンの手法は、考古学者が腕の骨や頭蓋骨や肩甲骨を発見し、それを元にヘラクレスのような大力無双の英雄を蘇らせる、というような超弩級の難事をし遂げるとしたら、その時に用いる手法に似ていなくはない、と言えましょう。言語学ではこの風潮が組織的方法にまで昇格しました。誰の目にも明らかでしょうが、この場合言語学はリンネ以降の生物学にとっての先駆者だったと言えるでしょう。ただそれは中心的な発見法をリンネ式比較法に対して与えたという点ではなくて、現在における多様性を原初における要素に復元することを正当化した点においてのことですが。もちろん歴史というものは、鍵となる事実の追跡調査をすることを常に基盤としてきたものですが、これはまた別のことです。それはちょうど、私たちがヨーロッパの歴史とアジアの歴史を再建しようとするうちに、失われた大陸の存在を前提とせざるを得なくなったのに似ています。失われた大陸存在の証拠としては、現在ある事実・事物の間に、完全な偶然とは考えられない類似点が存在する、という点以外に何もないのですから。

この試みによって現在に残されているものは何でしょうか？　膨大な量の比較研究のデータ（大部分は印欧語から、主に19世紀のドイツの言語学者によって集められたもの）に加えて、私たちは、もはや存在しないものを、現在の類似点を基礎にして比較し、再建することが完全に正当な科学方法論であるという知識を遺してもらったのです。比較研究は今でも最重要な発見技法ですが、今日はコンピューター断層撮影の時代ですから、私たちは――本書の後の方で知る通り――もはや、現実の（そして距離の離れた）言語の比較だけにとどまる必要はなくなりました。私たちは「言語であり得るもの」と「言語ではあり得ないもの」を比較することができるようになったのです（専門知識不要の実例についてはMoro 2015を、またこの課題に関する論文集についてはMoro 2013）。この比較を行うことによって、私たちは実体の構造を解明し始めることのできる小さな観察地点を一瞥することが可能になるだろうという、合理的な、そして実現することの多い希望を持っているのです。

訳注（1）［Doppelgänger（ドイツ語）］自分自身の姿を自分で見る幻覚の一種で、「自己像幻視」とも呼ばれる現象。本章では、同一人物が同時に別の場所に現れる現象を指しています。

訳注（2）ジョウンズは、もともと語学に堪能で、ラテン語・ギリシア語を含むヨーロッパの諸言語の

ほか、ヘブライ語、ペルシア語、アラビア語を身に付けていました。インド・ベンガル地方の裁判官となり、この地でサンスクリット語を「発見」し、この言語がギリシア語、ラテン語と「親戚」である、つまり共通の祖語から生まれたという説を発表したのです。この「祖先」は、その時代にはすでに滅びており、その記録も残されていませんが、やがてそれは「インド・ヨーロッパ祖語（印欧祖語）」と呼ばれるようになりました。上記の3古典言語だけでなく、英語・フランス語・ドイツ語・ロシア語などヨーロッパで話されている言語の大部分や、トルコ東部、イラン、インド亜大陸、スリランカにわたるクルド語・ペルシア語・ウルドゥー語・ヒンディー語・シンハラ語などの言語は、いずれも印欧祖語から派生して成立したとされています。

訳注（3）　J. R. R. Tolkien（1892-1973）。イギリスの文献学者・作家・詩人・軍人。『指輪物語』の作者として知られていますが、数多くの言語に詳しく、15の人工言語を発明しました。中でも「エルフ語（Elvish languages）」が有名です。『指輪物語』その他のトールキンの作品には、太古の地球を舞台とした創作神話が登場し、多くの人工言語が用いられています。「エルフ語」は多くの異なる言語が含まれていますが、これらはいずれも『指輪物語』の登場人物が話していた「共通エルフ語」に起源を求めることができるとされています。

第9章　ヘルマン・オストホフ（1897―1909）とE・カール・ブルークマン（1849―1919）

言語の法則性

すべての音変化は、機械的に進行するものなのだから、例外のない法則に従う。

――オストホフとブルークマン『印欧語の領域における形態論研究』

これは奇妙な考えかもしれないのですが、私は腕時計の内部の働きにこの上ないほど魅了されているのです。数ある歯車はそれ自身の生命を与えられているかのように見えますが、実際には歯車の歯のすべて、レバーのすべては、純粋に機械的な起因の連続に基づく結果として動いているに過ぎないことを私たちは知っているのです。そして、さらに重要なこととして、すべてが常に不可避的に、あらかじめ決められた同一の方向に向けられていて、選択の余地はない、ということを知っているのです。とは言え、この観察に私たちは有頂天にならないよう注意しなければいけません。

生命のないところに生命を見てしまう危険があるからです。その逆も起こりえます。広汎で予測不可能な活力とは対照的な、私たちの目を現実から逸らせてしまうような、厳密な心理的枠組みが登場するケースがあるのです。

オストホフとブルークマンの直観は言語学を、史上初めて、論理と形式的論及という唯一的な高みに押し上げました。つまり、法則という概念を、他の経験科学に対するのと同じように、言語学にとって必須の関連性を持ったものとしたわけです（Feynman 1967）。物理学法則の性格に関する小論の中でリチャード・ファインマンは、この法則が自然科学の中で本当は如何に微妙で注意を要するかを示しています。けれど19世紀には、言語が機械的な法則に従う、と主張することは、今日、誰かが画法とは統計的概念であると主張した場合と同じくらい驚くべきことだったでしょう。確かにオストホフとブルークマンは、音法則――ある音がある語の中である音声学的コンテクストにあって、ある強勢パタンに置かれていれば、その音はやがて他の同様の環境にある音と同じ変化を被る、という法則――について語っていただけです。けれどもこれは真に、まぎれもなく、法則なのです。オストホフとブルークマンの考えは、まさしくエポックメーキングな直観でした（Graffi 2010）。そして言語学は今でもその重大な影響に取り組んでいます。例外を許さない法則に従って決定論的な構造を持った機械としての言語。この観点は他の領域にも拡張されました。たとえば、20世紀前半には、しばらくの間、子供による言語獲得でさえも、巨大極まりない、極度に複雑な刺激の結果生ずると考えられていました。それも、それ自身の術語を使ってさえも説明不可能なほどの複雑さで、ちょうど記述対象地域のあらゆる詳細を載せている地図と同様、役に立たないもの、とされていたのです（Chomsky 1959）。精神・頭脳の設計図としての、この、自動症（意識せずにある行為をすること）的軌跡に沿った路線は脱線しました。不可避なことでした。なぜなら、決定論的な構造を持った機械——それを再現し解明すれば言語の構造が説明されると考えられた——という概念が錯覚に基づくものであることが理解され始めていたからです。オーストリア出身の哲学者イェホシュア・バー＝ヒレル（Yehoshua Bar-Hillel 1915-1975）は、１９５０年代のマサチューセッツ工科大学電子実験所について、彼のそれまでの考えとは異なり、「実験所は、サイバネティックスという新分野と情報理論の最近の技術によって、我々は動物のコミュニケーションと機械のコミュニケーションを完全に理解する直前の段階にまで到達している、という全般的で抗しがたい確信で充満していた」という点を認めています。この蜃気楼が消滅したのは、若き日のノウム・チョムスキーが、自然科学の場合と同じように、言語に関する法則、とりわけ統語論の規則は、慎重さと執拗さを以て探求されねばならず、かつそこには次のような認識がなければならないことを示したのです。まず、発見されたことが妥当であるのは「誤っていることが証明されるまで」であること。そして、理論が包括的に評価されるのは、その理論が何を予知するか、そして他の理論に比べて総体的に簡素である、という観点に基づかなければならない、ということ。最後に、再現・解明ということは理解を意味するものではなく、それはコンピューターに計算を行わせることは必ずしも人間の脳がどのように計算するかを教えてくれるのではない、ということと同じなのです（もちろん、人間の行動の諸相を再現する能力を持った機械を造り得ることの莫大な利点を減ずることは一切なしに、という条件付きですが）原注（1）。

とは言いながら、法則という概念を言語学に導入したことは、大きな遺産を残しました。ただこのことは常に正当に評価されてきたとは言えません。明白にプラスであると言える影響に数えられてよいものの1つは、言語学を博学者の秘話という怪しげな〝領土〟から定義的に解放し（いくつかの頑強な〝飛び地〟を別にすれば）、経験科学の方向へと次第に推し進めたという点です。これに対して遺産のいかがわしい影響の中には、実のところ論理的には言語学への法則という概念の導入とは関係がないのに、どういうわけか関係づけられてしまうものがあります。そのいかがわしい影響とは、法則が存在するという事実はその法則が生み出す機能という観点から説明されるべきだという考え方です。実際の姿から言うと、法則というものには一貫性と拘束力がありますが、法則には必然的に機能性があるとする理由は存在しません。それどころか、今日では、ある体系の本質として、機能というものはその体系と接続する諸要素に全面的に依存していると言う方がはるかに合理的なのです。この観点から見れば、言語の形式的特性と、その特性の神経生物学的基質さえも、偶有的なものだとみなすことができるのです。チョムスキーから引用しましょう。「もし［語彙項目と言語的表現」が何らかの仮説的（生物学的にあり得ないものかもしれない）有機体の異なる運用体系に埋め込まれたならば、異なる行動、たとえば移動への指示として働くかもしれない」。これは非常に急進的な見解に響くかもしれません、という話ですが。けれども本当はこれには新しくもなんともないのです。少なくとも言語学以外の領域では、19世紀には早くも、ドイツの生理学者エミール・デュ・ボア＝レイモント（Emil du Bois-Reymond 1818-1896）が、知覚体系に関する論述の中で次のように言っています。「視神経と聴神経を切断し、入れ替えて接続すれば、我々は眼で雷光を雷鳴として聴き、耳で雷光を光り輝く印象として見ることになるであろう」（Du Bois-Reymond 1874）。ということは、感覚器官についてさえ、機能的な存在理由はないのだ、ということになります。このことは、他の領域に関しても、必要な変更を加えれば、当てはまるはずです。

言語はいまだに純粋に神秘のままです。それは人間の肉体に発していながら、数学的法則に従っています。私たちが現在できることと言えば、言語の構造と限界を記述することしかありません。それは絵画を造り出すパレットを記述することに似ています。絵画自身は完全な神秘のままですが、だからと言ってパレットもやはり神秘だと考えるいわれはないのです。

原注（1）このスナップ写真はほぼ全体的に Moro（1997, 2010）およびそこにある参考文献に基づいています。

第10章　フェルディナン・ド・ソシュール（1857–1913）

言語の差異

言語の中にあるのは差異だけである。——ソシュール『一般言語学講義』

カタログを思い浮かべてください。どんな種類のカタログでも結構です。カタログに載っている物の1つ1つは、分類の目的に関連した特性——それがどんな特性であっても——に従って区分されていますね。これは記述を系統立てる上でもっともな方法です。集合のすべての要素を性格づける特性のリストを全部挙げるわけですから。つまり、たとえば自転車が10台あるとしましょう。その10台のすべてを、塗装の色、タイヤのタイプ、サドルのカバー、ハンドルの形式等々を基準にして記述することができます。10台の自転車は、どの特性を選ぶかによって、その特性に関してお互いに大いに異なる可能性があります。10台が全部同じ色に塗られているわけではないとか、タイヤのタイプが違うとか、サドルのカバーが異なるとか、ハンドルの形式が同じでないとか、いろいろな場合があります。ところが、この10台の自転車をもっと長く見ているうちに、それらが持っている特性の間にはある種の関係があることに気付いた場合を想像してください。たとえば、10台のうち5台は競技用のハンドルが付いているけれどもあとの5台には競技用のハンドルは付いていないとします。ハンドルが付いているというのは、言うまでもなく、自転車全体の特性ですが、競技用ハンドルが付いているのはそのうちの5台だけの特性です。さてここでもう1つの特性に気付いたとしましょう。自転車のうち、5台はタイヤがパンクしていて後の5台はタイヤがパンクしていない、という状況です。で、この区別はハンドルの形式の違いに基づいた区別には対応しないように思えます。こうした作業を続けていくと、出だしの記述環境とは全く違う記述環境にたどり着きます。私たちの運が非常に良ければ、その記述環境では10台の自転車のために定義したただ4つの特性を用いて、各自転車全部をそれぞれ独自のものとして性格付けられます。そこで4つの特性をA, B, C, Dと名付け、たとえば＋Aはその自転車がある特性（例：競技用ハンドル付き）を持っていること、－Aはその自転車がその特性を持っていないことを示す、ということにすれば、私たちは16（2^4）通りの組み合わせを造ることができます。つまり［＋A, ＋B, ＋C, ＋D］というタイプの自転車、［－A, ＋B, ＋C, ＋D］というタイプの自転車というふうに進んでいき、最後にはすべての組み合わせを得ることになるのです。

このシステムに関しては、3つの注意点を指摘しておく必要があります。第1は、運がどうしても良くなければならない、ということです。なぜなら、自転車を2つのグループに分けるための4つの特性をいつでも見つけられるとは限らない、という点です（4つを越えた特性を必要とするかもしれないのです）。第2に、自転車が10台あったとして、私たちが立てた4つの特性の組み合わせが16種の分類を生み出したとしましょう。とすると私たちの10台のほかに6種のタイプの自転車が存在することが示されているわけです。そうしたタイプの自転車を探す価値がありますね。第3に、私たちがこのようにして作り上げた示差的分類網の中では、その種類が持っている特性のすべてが有意義なわけではない（特性の一覧が網羅的あり得るという前提のもとに立っての話ですが）という点です。有意義である唯一の状態は集団内のその種類が、選ばれた特性との関係においてどのように性格づけられているか、なのです。

　私たちが考えている例に話を戻します。［+A, +B, +C, +D］というタイプのどの自転車でも構いません。ことばを換えれば、ある種類に分類された集合の成員がある選ばれた特性との関連である種の性格付けをされている場合、同じ特性との関連で同じ性格付けをされている他の種類のものは、最初に上げたそのタイプの成員と交換（術語で言えば「交替」）可能なのです。そのうえ、この種の分類網を使うと、しばしば、1つの種類の中に、その種類を定義するのに必要な特性より少ない数の特性で定義ができる部分集合が見つかるのです。そうした部分集合は「自然類」と呼ばれます。多くの場合、自然類こそが真に興味ある存在なのです。自然類は諸事実に関するより簡潔な説明を提供してくれるのです。

こうした、つまり自然類を用いた分類法が開発され、言語の音声を分類するのに用いられました。たとえば、p/bやt/dなどの子音ペアの区別に「プラス有声」、「マイナス有声」という用語を用いますね。けれどもこの方式の背後にある哲理は、チョムスキーの『ピサ講演』(Chomsky 1981)の序論に示されている通り、統語論にとっても重要で、生成文法の背後にある真の方法論的革命なのです。カタログと分類網の違いは、後者では1つの成員に対して定義されているすべての特性が、他のすべての成員についても定義されているという点にあります。このため、最終的にはすべての成員が、それが他の成員とどこが違うかという観点のみから定義されるようになるのです。これは最も強力な洞察の1つです。それは私たちが言語に留まらずいかなる(潜在的には)体系についても、その構造を見る際の見方を変換させたと言えます。その変換は根底的なものなので、このような物の見方を表す語である「構造主義」は20世紀の統合的な理念の1つとみなされています。

構造主義は言語学だけでなく他の分野でも莫大な量のデータ収集を促し、かつ可能にし、その結果、予期もしなかった一層明瞭な様式の存在を明らかにしました。事物を元素的な示差的要素に分解することは、新奇で驚くべき疑問を生み出しました。究極のところ、存在するものは何なのか。自転車なのか、それとも自転車を生成する抽象的特徴なのか、という疑問です。

第11章　バートランド・ラッセル（1872―1970）
be動詞の謎

人類は〝is〟という同一の単語を2つの全く別個の概念を表すのに用いるという選択をしているが、これは人類にとって不名誉なことである。

――ラッセル『数理哲学入門』

時は1918年、場所はロンドン。超満員のブリックストン刑務所。国土防衛法違反で受刑者となっていたラッセル。外の世界では第一次世界大戦が荒れ狂っていましたが、ラッセルは1つの動詞を冷酷に罵る気分だったのです。なぜそれほど激越である必要があったのでしょう？　To be という動詞に対する正面攻撃は、数学入門の本の中でどういう役割を持っているのでしょうか？　私たちはすでにアリストテレスのスナップ写真（第3章）のところで、be動詞の解釈の歴史は長いものであることを見てきました。この動詞は、古代ギリシアでの分析の対象でしたし、中世の論文の中でも論及され、論理学者アベラール（Pierre Abérard 1079-1142）はコピュラ（copula 繫辞《けいじ》）という新語を造り出しこの動詞の名としました。バロック期（16世紀末～17世紀初頭の欧州で盛んであった文化・美術様式の時代）にはポールロワイアル修道院（フランスの修道院：第7章アルノーとランスロの『一般・理性文法』はここから出版されました）の壁の中で中心的な役割を担っていました。そして遂には、数学を根本から建て直そうとしていた我らが囚人のくたびれたノートブックの中に姿を見せるのです。

「ホメロスの謎」は絶好の筋道なのです。大叙事詩『イーリアス』と『オデュッセイア』を書いたとされるホメロスは実在の人物だったのか、架空の人物ならこの2作はだれが書いたのか、という問題は地域により時代によりさまざまな形で問われ「解明」された謎でした。この筋道を辿っていけば、私たちの文明への鍵を見出せるのです。つまり、単一の疑問・謎がどのように扱われるかを基に、文化の代表的一般像が掴める、というわけです。be 動詞解釈の歴史は、私見では「言語学におけるホメロスの謎」と考えてよい根拠をもっています。と言うのは、特定の時代・場所での言語観の性質がどうであったかを正しく見る道へと繫がるからです。これには当然の限度があります。ｂｅ動詞を持たない言語では筋道が途絶えてしまうからです。でも考えてみれば、ホメロスだってすべての文明に顔を出しているわけではありませんね。ここではっきりさせておきたいのは、私たちが話題にしているのは to be という動詞であって、「であること（being）」という概念ではない、ということです。レッテル好きの人のために言いますと、私たちが行っているのは「存在論的（ontological: 古代ギリシア語のｂｅ動詞相当語の現在分詞 óntos から来た語）」観察を行っているのではなく、新語を鋳造すれば、「ｂｅ不定詞的（einaiological: 古代ギリシア語のｂｅ動詞相当語の不定詞 eínai を基とする）」観察を行っているわけです。この概念を表すのにｂｅ動詞ないしその相当語を用いる動機に、私はそれほど神秘的なものを感じません。「する（to do）」という動詞を考えてください。これはありとあらゆる行為を同一化するのに使われますね。「計算をする（do a calculation）」、ダンスをする（do a dance）、宙返りをする（do a somersault）」等々に見る通りです。つまり「する」は行動一般を表現する「代名詞的動詞」だと言って差支えありません。それと同じように、ｂｅ動詞やその相当語は、義務的に述語を伴うのですから、ありとあらゆる主語を示す「代名詞的動詞」で、それゆえもの・こと一般――すべての特性の下に存在するすべて――を表現するものだ、と言えるのだと考えられます。

ラッセルに話を戻すと、彼が関わっていたのは、論理学と、言語と、数学が、どんなに長い年月の間、単一の存在物の諸相であるとして扱われることが屡々であったかを示す典型的な例であったと言えます。ただ、その扱われ方は常に正しかったわけではなく、つじつまの合わないものであることもしばしばありました。ラッセルの言う、同一の動詞によって表されている2つの概念というのは、一方では主語に何らかの特性を帰すること（つまり述語的叙述）で、他方では2つの個体間の同一性宣言です。ラッセルは彼の言うところの不名誉な状況を2つの例文で説明しています。例文の1つはSocrates is human.（ソクラテスはヒトである〈人類に属する〉）で、これはラッセルに従えばｂｅ動詞が述語的叙述を示している例で、もう1つはSocrates is a man.（ソクラテスは1人の男である）で、こちらは2つの個体（ソクラテスと1人の男）間の同一性を表しているというのです。これがラッセルの言う不名誉の理由なのですが、これは同時に彼の問題解決の基礎でもあるのです。ラッセルの本の、この例文を含んだ箇所を全部読んだ言語学者ならば、少し頭を働かせればこうした悩みはすぐ和らぐのです。というのは、Socrates is a man. のisは、2つの個体を必要とする動詞、つまり他動詞――Socrates knows a man.（ソクラテスはある1人の男を知っている）のknowが例ですね――の特性を全く持っていないからです。このことは、いくつかの方法、たとえば代名詞と所有形容詞（代名詞の形容詞形）を使って示すことができます。例としてSocrates knows an admirer of his.（ソクラテスは彼の崇拝者の1人を知っている）を考えてみましょう。この文は両義的です。Hisが指すのはソクラテスでも古代ギリシアの政治家ペリクレスでもいいのです。けれどもSocrates is an admirer of his. と言えば、hisはソクラテスを指すことは不可能です。この点でｂｅ動詞はすべての他動詞と異なるのです。この結論は、他の多くの特性を挙げることによって支持されます（Moro 1997）が、今ここで私たちに興味があるのは、ラッセルがなぜｂｅ動詞ないしその相当語にあれほど神経を高ぶらせたのか、です。実のところ、ラッセルの懸念は、極めて予想を外れた言語観の現れであったのです。

すべてはラッセルがこの当時手掛けていた巨大なプロジェクト、つまり論理学を数学全体の基礎としようとする企てに生じた壊滅的亀裂を塞ごうとする試みにさかのぼります。この亀裂は、実のところラッセル自身が生じさせたものですが、モンスターと考えてよいでしょう。論理学的モンスターです。つまり、それ自身を元《げん》（＝要素）としない集合のすべてから成る集合です。ご自分で解いてみてください。この集合にはいわば置き場がないのです。もしこの集合がそれ自身を元とするのであれば、集合の定義そのものが間違っていることになります。ところがこの集合はそれ自身を元としないわけにいかないのです。なぜなら、定義からしてこの集合はそれ自身を元とすることになっているからです。そこで私たちは振出しに戻ってしまうわけです。ラッセルはこのモンスターから逃れるためにたった1つの路線しか見出せませんでした。モンスターが生まれないようにすることです。つまり、ある1つのタイプの要素が同じタイプの他の要素によって表される特性を与えられるような構造を、公理によって排除する、という路線です訳注（1）。こうすればモンスターは発育を阻止されるわけです。高度な代価です。けれども払わないわけにはいかない代価なのです。これがラッセルをしてｂｅ動詞についてあのように苦悩させた原因なのです。彼としては Socrates is a man. と同形式の文に対して、禁じられた論理形式を与えることを回避する必要があったのですから。この形式の文では個体のタイプ（ソクラテス）という存在が、同じタイプ、つまり個体（1人の男性）によって表されている特性に帰されてしまっています。このように設定すると、逃げ道はたった一つということになります。「1人の男性（a man）」とは単に特性であるだけではなく、主語とは別の個体だ、と主張しなくてはならないからです。したがってこの場合、be動詞は必然的に述語――同一性（2つの個体間の）を表す――でなくてはなりません。そうでないとこの文には述語がないことになってしまいます。ここからラッセルのbe動詞が持つ削減不能な両義性に対する絶望感が生ずるわけです。でもこの両義性はラッセルが造り出したものです。彼が自然言語というものは論理学に対して治療効果性の関係を持っているという考えに頑固に固執したために生じたのです。そこで私たちは反例として、be動詞が本当の同一性、つまり「〜と同一である」を務める述語として働く時の代名詞の変則的な振る舞いを指摘すればいいわけです。この場合は、代名詞の振る舞いが完全に変化します。つまりそれは述語が他動詞である場合と同じように再びなるのです。たとえばSocrates is identical to one of his admirers.（ソクラテスは彼の崇拝者の1人と同一である）となり、その中のhisは、当然、ソクラテスを容易に指すことができるのです。

けれども、残念なことに、ラッセルの著作からの引用は何世代にもわたって引き継がれ、彼の考えはほとんどすべての言語学者や哲学者によって無批判に受け入れられてきました。このことは少なくとも統語論において甚大な被害を及ぼしました。このことに気付いた唯一の言語学者はデンマークの碩学オットー・イェスペルセン（Otto Jespersen 1860-1943）で、彼は20世紀前半にラッセルの考えをはげしく批判したのですが、ほとんど効果がありませんでした。さらに、ｂｅ動詞について語るときは、避けなければならないいくつもの解釈上の落とし穴があります。私は形式言語学のテクニークを応用して、この不名誉と称されるもの（少なくともこの例）が、夜明けとともに夜の闇が逃げるように消え去ってゆく様を、そしてｂｅ動詞が、結果として、アリストテレスが示唆した役割――「時制を指定する役割」――を実質上演ずることになる旨を示そうと試みました。このことによって私は、最も危険な落とし穴を巧みに避けたと考えているのですが、いかがでしょう?

他の特性もすべて文の統語構造から生じてくるわけですが、この場合の条件は私たちが厳格な形式的枠組みを採用することです。真の変則性が現れるのは次の場合です。ｂｅ動詞が使われ、述語の役を果たすのが典型的には主語の役割を果たす範疇（つまり、名詞とその従属語、専門用語で「名詞句」と呼ばれるもの）によって占められている、という状況です。例を挙げると A picture of the wall was the cause of the riot.（壁の絵が暴動の原因だった）という文の the cause of the riot がそれに当たります。この、当たり障りのないように見える変則例が実は数多くの驚くべき事実を生み出します。たとえば、すぐ上の文に並んで、それと対称的な、入れ替え可能にも見える文が存在します。The cause of the riot was a picture of the wall.（暴動の原因は壁の絵だった）です。しかしこの文では文法機能の標準的順序が逆になっています。述語である名詞句がｂｅ動詞の前に来て、主語が後に来ているのです。これが本物の変則例であって、ｂｅ動詞の後に来ている名詞句が主語であることを確証するためには次の2文を比較するだけで済みます。Which riot was the picture of the wall the cause of?（壁の絵が原因となったのはどの暴動か?）と、Which wall was the cause of the riot a picture of?（〈強いて訳せば〉「暴動の原因となった壁の絵の壁とはどの壁か?」）です。第2の文はとても文法的とは言えず、その点で第1の文とは対照をなします。それだけではなくこの文はWhich wall does John think that a picture of scared me?（〈強いて訳せば〉ジョンは壁の絵が私を脅かしたと考えているが、その壁はどの壁か?）に例を見るような、よく知られた事例研究に見られる例と同じぐらい誤っています。名詞句であるa picture of the wallがどちらの非文法的文の中でも同じ役割、つまり主語という役割を演じているからです。この変則性は文構造の通常的理論に対して重大な異議申し立てを行うもので、Moro（1997, 2010）に示唆されているような根本的修正を要求するものです。具体的に言えば、名詞句と動詞句の順序に対して付与されている標準的でかつしつこい「主語―述語」という解釈は放棄されるべきで、それに代わってもっと弾力的な解釈が採用されねばなりません。その解釈では、主語が動詞句に埋め込まれていて、述語は通常主語に与えられている位置を占める、とされるわけです。

こうしたことすべてに、実は私たちはあまり驚いてはいけないわけです。普通考えられているよりも多くの場合、あたかも強固に見える大構造の存続を脅かすのは、小さくて単純な変則性なのです。そして、ローマの詩人・哲学者ルクレティウス（Lucretius 99-55 BC）が言った通り、そうした変則性は偉大なことどもに関する知識への「軌跡を切り拓く」（『事物の本質について』第Ⅱ巻、123―24）のです。少なくとも私にとって、このことは決して不名誉ではありません。それどころか、構造の強固さという幻想を創り出す先見の明の無さこそが不名誉だと言えましょう。

原注　このスナップ写真はほぼ全体的に Moro（1997, 2010）およびそこにある参考文献に基づいています。

訳注（1）　赤　攝也『集合論入門』ちくま学芸文庫、筑摩書房　2014「むすび」（特に3および4）を参照してください。

第12章　マーティン・ジュース（1907—1978）

言語の多様さは無制限と考えた学者

世界の言語は互いに予想不可能なまでに、そして際限なく異なっている。

——ハンプ、ジュース、ハウスホウルダー、オースタリッツ（編）『言語学論文選』

不運というものは、時に自らの手で引き起こされるものです。科学の中でこれが起こるのは対決、というかむしろ対決の勝者が明白に宣言された時です。たとえば、19世紀が終わりに近づいたころ、物理学にとって残された唯一のことは、ある種の物理定数の小数点以下の桁を増やして精度を高めることだけでした。数年も経つと、同じ物理法則の有用性は、夜の闇の中の日時計のそれと同じようになっていました。相対性理論と量子力学がすべてを変えてしまったのです。一般相対性理論はニュートンの重力理論を滅ぼしはしませんでしたが、それを、もっと一般性のある理論の特殊な場合という位置にまで降格させました。こういった不遜な主張を科学についておこなうのは本当は適切ではないのですが、論議に本格的に巻き込まれてしまうと、避けるのが難しくなります。これに似た運命が上のジュースたちの書からの引用を待ち構えていました。この場合、運命の女王は20世紀初頭の物理学の場合より、もっと鉄面皮でした。というのは、この本の出版とまさしく同じ年に、人々が言語を見る見方を変え言語学をまさしく逆の方向へと導く薄い本が出版されたのです。チョムスキーの『統語構造』です。この小さな本――25年あとにやっと出版された彼の博士論文である大著作（Chomsky 1975）の抄訳――の中では、つまるところ3つの点が主張されていました。その第一は、言語学理論は他のどの科学とも同じ方法論的基準にしたがわなければならない、という点です。第二の点は、単語を結び付ける規則（統語論）を統計を基準に捉えることは不可能で、もっと高性能な数学的道具を必要とする、という趣旨です。その道具というのは、語と語の間の距離の長い関係を考慮して個々の自然言語をはるかに一般的な文法階層の下に置くものです（Hopcroft et al. 2006）。第三は、これらの道具は子供が自律的に学習するには複雑すぎるものであり、そのように察せられる理由は、特に、子供が侵す過ちは比較的少ないという事実、また、何よりもまず、子供が過ちを犯すとすれば、それらはすべて同じタイプの過ちであるという事実に求められる、という点です。正確に言うと、この最後の点は、上の『統語構造』には出て来ず、2年後に出た論考に現れています。この論考の中でチョムスキーは次の点を明白に主張しているのです。「すべての健常な子供が、基本的に同質の、かつ極めて複雑度に富んだ文法を、しかも驚くべき速さで獲得するという事実は、人類が何ゆえかこういうことをやってのけるように設計されているということを、つまり未詳の性格と複雑性を持ったデータ処理能力、つまり〝仮説形成〟能力を持っていることを示唆している。」（Chomsky 1959）

言語の複雑さが言語の青写真の反映だと私たちが考えるのであれば、その青写真は万人にとって同一であるはずです。誰も、たとえば眼について、人間の眼の構造には遺伝的な青写真があるのだと考える一方で、眼は1人の個人ともう1人の個人の間で実質的な相違があるなどと主張することはないでしょう。もちろん、個人間の、ないし民族間の眼の違い（たとえば、虹彩の色とか瞼《まぶた》の形とか）はあります。けれど誰も人間の眼が「予想不可能なまでに、そして際限なく」異なっているなどとは言いますまい。

このようにジュースはすさまじいまでに間違っていたわけです。でも彼には知りようがなかったわけで、駄目な人物と片付けてしまったり笑いものにしたりするのはフェアではありません。その理由も単に学問世界のエチケットに反するから、というわけではないのです。ジュースの引用文は、私たちの経験に確かに一致する事実を捉えています。つまり人間の諸言語は互いに完全に異なって見えるというのはあくまで事実なのですから。だからジュースの意見は狂気の沙汰とは見えません。それはちょうど太陽が地球の周りをまわっているように感じるのが狂気の沙汰ではないのと同じです。彼の意見の背後にある直観は今でも興味を惹きます。ですから彼の引用文に小さい、けれども決定的な修正を加えれば、次に見る通り、正確な言い換え文になるのです。「世界の言語は互いに予想不可能なまでに、そして際限なく異なっているように見える」。本当のところ、私たちはさらに進んで、修復不能であるかに見えるジュースの言明は、たいていの場合、仮に居住空間が比較的近い場合でさえ、違う言語の使い手の間の相互理解不能に関連していることが指摘できます。こういう次第で、ジュースの考え方は、間違ってはいるのですが、正真正銘興味深い疑問――「バベルの作用（天まで届く塔を建てようとしたことが神の怒りに触れ、人間言語が多岐なものに分断されたとされる）」はどうして存在するのかという疑問――に行きつくのです。

この疑問については、他の場合にもよく起こることですが、私たちはそもそも答えが存在するのかどうかに迷います。というのもこの疑問は漠然としていますし、それに疑問の建て方が系統だっていないとも考えられます。たとえば生物学の場合、もし私たちの知りたいことがなぜトンボや豚が存在するのかということであれば、どうしてこの世にはこれだけの種類の生物――ノアが方舟《はこぶね》に乗せた生き物――がいるのかと問うてみても意味がありません。けれども、トンボと豚が存在することが可能なのはなぜか、また、「中間の」動物、つまり半分はトンボで半分は豚である生物はいるのだろうか、と問うことには意味があります。これと同じ感じで、おそらく、私たちは異なる言語の存在を可能にしているものは何なのか、言語間の変異の制限はどこにあるのか――言ってみれば、ノアの方舟から降りた生物間の変異の制限があるとすればそれはどこにあるか――を問うことが可能だと言えます。事実、現代の多くの言語学研究の目標は、まさしく、可能な言語、つまり子供が自律的に獲得することのできる言語の一般的分類様式に到達することにあるのです。しかしそれ以上にこの問題は、バベルの塔は呪いであったとする言い古された考えを検討し直すという興味深い機会を与えてくれます。今日のように国際的コミュニケーションが誰にとっても必須の必要度を持つ時代ではことさら興味深いのです。それどころではなく、私たちはバベルの塔が与えたこととなっている影響について考え、次のように自問することができるのです。もし人類がたった1つの言語だけをこれまで使ってきたら、あるいはもし世界の諸言語が互いに理解可能なものであったなら、世界はどのようになっていただろうか、と。そこで有史以前の人間世界を想像してみましょう。道路、水路、下水道の建設も、そして食料の供給を確保することさえも非常に困難だったと考えられます。この環境でもし、誰もが他人の言うことを理解し、誰もが同じ都市に住むことを試みたとしたら——つまり「東《とう》夷《い》西《せい》戎《じゅう》」がいなかったら、その世界はどんな様子になっていたことでしょう? おそらく人類は制御不能になっていたでしょう。そう考えると言語による障壁は保護効果を持っていたと見られます。それはちょうど、伝染病が野生動物の異なったグループを保護するのと同じです。あるいは細胞群落中のアポ(プ)トーシス訳注(1)にたとえてもよいでしょう。バベルの塔は、結局のところ、有難い贈り物だったのかもしれません。

訳注（1）英語でapoptosisと言います。動植物の体を構成する細胞の、個体の状態をより良く保つために積極的に引き起こされる死。オタマジャクシがカエルに変態する際に尻尾が消え去るのはアポトーシスによるものです。

第13章　ローマン・ヤーコブスン（1906―1982）

子供の言語獲得と失語症

失語症患者の音体系崩壊は、幼児語における音韻体系発達のちょうど正反対のものに対応している。

――ヤーコブスン『小児言語、失語症　そして一般的音法則』

間違った発見が、それにもかかわらず、結果として極めて有用に働く、ということが時折あります。コロンブスは、結局のところ、インドに到達はしませんでしたが、当時のヨーロッパが知っていた世界の果てを越えて進むという意思を以て、新しい航路と新しい航海術を創り出し、そして新しい世界を発見しました。このことは、海洋航海を変革し、地球という惑星の地図を更新しました。ヤーコブスンからの引用は偶然の経験的大発見の顕著な例であることに加えて、失語症教本の典型的な切り出しのことばです。ヤーコブスンが言っているのは、子供の言語獲得が言語構造に関する特有の覗き窓を提供するのに対応して、失語症患者の言語喪失は正反対の様相を呈するが、それにもかかわらずすべての点で同様に妥当である、ということです。現時点で振り返ってみると、過ちは彼が最後に獲得される構造——これは産出するのに最も難しいと考えられています——が、同じ理由から最初に失われると考えた点にあったことが判ります。ヤーコブスンがこの結論に達したのは、音韻論上の現象に根拠を置いてのことでした。私たち皆知っていることですが、子供はある種の音を他の音より早く獲得します。だから子供はMuggles［『ハリー・ポッター』シリーズで「魔法を使えない一般の人間」］とmuddle（混乱）をごちゃ混ぜにする（muddle）のです。でも、ヤーコブスン式モデルが間違っているとわかったにせよ、この方式によって言語を理解する上での新しい、きわめて強力な接近法が開発されました。つまり失語症患者を苦しませる進行性損傷は、言語の根源的体系を理解するうえで無比の機会を与えてくれるのです。よく知られた類比を使えば、それは大理石の彫像に亀裂を発見するのに似ています。その彫像の元となった石の本来の肌理《きめ》は明らかにされていますし、したがって、終局的には、彫刻家が最終的彫像を作り上げるまでの諸条件も明らかになります。ここまでは何も珍しいことはありません。問題は、何が損害を受けたのかを理解するためには、私たちは少なくとも損害を受ける可能性のあるものは何かを知っていなくてはならない、という点です。そこで私たちは2軌跡的方針で進まねばなりません。つまり失語症の臨床的観察と言語理論の双方を用いるのです。どちらの一方が欠けていても、私たちは不可避的に頓挫してしまいます。ヤーコブスンを再び引用しましょう。「失語症症候群の記述と分類は、そのいずれをとっても、言語のどの面が損害を受けているのかという問題から出発せねばならない」。

解釈の誤りの著しい例が１９９０年代に起こりました。これはある観察結果の発表で、ある系統の人々、特に多くの人の注目を惹くことが科学の専門誌に載ることよりも価値が大きいと考える人々の間で（一時的にですが）大きな興奮を巻き起こしました。ロンドンに住むある家族のメンバーの一部が book から books を導く複数形形成ができないことが発見されたのです訳注(1)。この障害の事例のこの家族内の分布は驚くべきものでした。それはメンデルの遺伝学法則に従っていたからです。新聞はにわかに「文法遺伝子発見」といった類いの見出しで一杯になりました。そして遂には、ある遺伝子が実際のところ発見されたのです。$FOXP_2$ という名称でした。$FOXP_2$ は確かに興味深い遺伝子でしたが、統語論を別にすれば、文法とは何の関係もなかったのです。その役割は相対的にささやかなもので、かつ、言語学という観点からは周縁的と言って差支えのないものです。細かい運動能力の調節に貢献する遺伝子で、中でも歯擦音の調音に関連しています。歯擦音とは英語の規則的複数形 -s の発音に関わっている次第です。$FOXP_2$ の発見は興味深い出来事でしたが、メディアの熱狂は静まりました。この情報は人気を失い、人々は「文法遺伝子」という言葉を使うのはやめて「ことば遺伝子」と言うようになりました。なぜなら上述の家族の困難は複数という概念にあるのではなくて、英語の複数を表す音声を産出することにあったのですから（Fisher and

Marcus 2005）。

私たちは言語を遺伝学の領域への勝利の道へと導く文法的欠損――あるいは統語論的欠損でさえあるかもしれません――を、今でも、ある意味では待ち望んでいるのです。言い方を換えれば、「メンデル流言語学」の誕生を待ち望んでいるわけです。けれども、イギリスの免疫学者ピーター・メダワが指摘しているように、ある特性が遺伝的であるという事実は、その遺伝子が人口の全員において発現することを意味するというよりは、発現しない個人が必ずいるということを意味するのです（もちろん、直接の遺伝子操作から得られる証拠は別ですが）原注(1)。問題は、統語論――それは、私たちが知っての通り人間のコミュニケーションを他のすべての種のそれから区別している特性です――が私たちの予期する形では損傷されないらしい、という点にあるのです（それがそもそも損傷されるという前提にいつもの通り従っての話ですが）。それどころか、私たちは統語論とはカニッサの三角形訳注(2)のようなものではないかと自問すべきではないでしょうか。この三角形は錯覚の産物で、3つの円から同面積の部分を消し、それらを平面上に互いに向き合う形で適切に置くことによって得られます。統語論とはこのようなものではないでしょうか。脳は統語論を一元の対象として捉えますが、もしかするとそれは違っているのかもしれません。統語論は脳によって、私たちがまだ何も知らない方式で、一種の「認知的錯視」（Moro 2008）として作り上げられ、意識の中に描き込まれるのかもしれないのです。それが統語論が損傷されない原因だという可能性もあります。

このことは統語論には遺伝的な基礎はないということを意味するのでしょうか？　そんなことは全くありません。意味されているのは、おそらく、言語とは人類の誕生と発達の全体的遺伝青写真によって決定されているということか、あるいは言語を発現させる遺伝子は、その多面発現性訳注（3）に従って生命の維持に必要不可欠の器官（心臓・肺・脳など）の中にも発現されていることである可能性があります（Hartwell et al. 2015）。そうした器官がなければ、どんな個人も存在しえないのですから。ことばを換えれば、私たち人類は、どういうわけか、その最も顕著な特徴によって防御されていることです。なぜなら、人間の中に突然変異体があっても、それが言語を欠いていることはあり得ない、ということになるのですから。

そういう次第で、私たちには、いろいろな概念やさまざまなデータを基礎にすでに幾度も到達した結論を、遺伝学的展望から再確認し、一層精密化することが可能なのです。すなわち、言語とは我々人間、人間すべてのことである、と言えるのです。

原注（1）Medawar (1967)。

訳注（1）今井邦彦『なぜ日本人は日本語が話せるのか』大修館書店　第3話にこの障害の紹介があります。

訳注（2）英語でKanizsa triangleと言います。この図形を見るためにはインターネット検索をしてください。

訳注（3）英語でpleiotropismと言います。1個の遺伝子が2つ以上の結果を生むことを指します。

第14章　ジョウゼフ・グリーンバーグ（1915―2001）

言語普遍性

偶然よりはるかに高い頻度で、標準の語順が主語―目的語―動詞である言語では、前置詞は名詞の後に位置する訳注(1)。

――グリーンバーグ　普遍性4：『言語の普遍性』訳注(2)

科学は科学的作用に関し、常にその原因にまでさかのぼって突き止めることができる、とされますが、それを本当に信じていいのでしょうか？　科学がそれを行おうと努めていることは間違いありません。デカルトは天体間の引力を彼の物理学の中心的な定則に従って説明したいと考えました。そして最終的分析ではすべての現象は機械的な接触訳注(3)、つまり宇宙的規模のドミノ効果であるとしました。月を地球をめぐる軌道に載せているのは何なのでしょう？　デカルトは自分の定則との矛盾を避けるために、次のような仮説を立てるほかありませんでした。つまり月と地球の間には目に見えない物質の粒子――エーテル[訳注(4)]――があり、地球を支点とする巨大な渦巻運動が月を縛りつけているのだという仮説です。非常にうまくまとまった説ですね。残念ながら全部間違っているのですが。渦巻運動もエーテルも存在しません。光がそれを通って伝搬するとされたエーテルがそもそも存在しないのです。エーテルの非存在という事実はマイクルスンとモーリーの実験[訳注(5)]によって確立されました。この実験はアインシュタインの特殊相対性理論への道を拓いたことで有名です。マイクルスンとモーリーは、エーテルの存在を前提としたことが状況をあまりにも複雑にしすぎ、場当たり的な説明に人々を追い込んだことを明らかにしました。それだけでなく、物理学の中で最も驚くべき前進的飛躍の1つは、ニュートンが引力を機械的に説明する道を見出そうとする考えに（一時的ながら）見切りをつけることを余儀なくされた時に起こったのです。このことを彼は古典学者リチャード・ベントリーへの１６９２年2月22日の手紙で明言しています。ニュートンの有名な公式、つまり2つの天体間の引力は両者間の距離に反比例し、両者の質量の積に正比例するという公式は、実のところ、渦巻説とは違って、引力の説明にはなっていませんが、引力の信頼するに足る記述となっています。「信頼するに足る」の意味は、その記述を基礎に予知が生ずる可能性があり、そこから新しい問題が誕生し得る、ということです。予知と新問題の誕生を基礎にする以外に科学の理論を評価する道があるでしょうか？　ニュートンが上記の方針をとった点は確かに大きな冒険でした。このため、正統派のデカルト主義者ライプニッツは歯に衣を着せずに、ニュートンは遠隔作用を認めることによって超自然的な力に徒《いたずら》に手を出している、と明言したのです（Alexander 1956, Westfall 1983）。このことはこの場では直接の興味を惹くことは全くありません。興味深いのは、科学は、説明に見切りをつけ、ものごとを記述するだけにしたときに、偉大な進歩を遂げることがある、という点です。科学とは常に記述をするものであって、説明をするものでは決してない、という見方に引きずられそうになります。でもそれはどうでもいいのです。上記で私たちが学んだことは、本当に重要なのは予知を行い新しい問題を系統立てて述べる能力なのです。このことをしっかりと心に刻んで、話を言語に戻しましょう。

50を少し下回る数の言語普遍性――その1つが上に例示したものですが――を掲げたグリーンバーグは、何種かの規則性を記述していますが、それを説明してはいません。一連の雑多な命題の中で彼は一見独立した現象の間に神秘的とも言える相互作用を捉えてはいました。こういう方式から生まれた類型言語学は言語学の中でも低次なものと結論付けるべきでしょうか？　決してそんなことはありません。ニュートンの場合と同じように、時節によっては、説明の方は脇へ置いておいて記述によって（つまり原因を探るのはやめて）先へ進む方がよい、ということもあるのです。この

〝記述的〟段階から先へ進めない、ということが往々にしてあるのですが、これは私たちが説明たりうるかもしれない要素をはっきりとは掴めていないからです。科学のできることは記述だけだ、とはまさか考えないにしても、です。とは言いながら、1つの説明を他の説明と比較することを可

能にする基準はもう1つあって、その尺度は予知を行う能力があるかないかでもなければ、新たな問題を定式化しうるか否かでもありません。尺度は簡潔性にあるのです。つまり、同一の現象を可能な限り少数の原則を用いて説明し得る理論が簡潔な理論なのです。ルクレティウスが卓越無比の例を挙げています（『事物の本性について』Ⅱ、184―205）。アリストテレスの物理学（それはソクラテス以前の時代に根源を持っています）に対抗して彼は次のように明言しています。ある種のもの（空気と火炎）を立ち上がらせる力とそれに対立してある種のもの（水と大地）を下降させる力の両方の存在を認める必要はない、と。ものの相対的濃度を勘定に入れるという条件のもとであれば、単一の力だけを認めればよい、という考えです。例を挙げれば、温度の低い空気で満たされた球体は暖かい部屋の中では下へ落ちますが、水たまりの底からは登ってきます。私たちは誰もが直観的にこの説明の方が2つの別々な力を措定する説明よりも優れていると認識します。それゆえ、（時には）簡潔性を探索することが科学の進歩に結び付きます。そしてもちろん、これは言語学にも当てはまるのです。

グリーンバーグの言語普遍のうちのあるもの、中でもとりわけ引用されている普遍性4は、比較的簡単な理論で説明可能です。ただそのためにはチョムスキーのアイディアから出発して発展した様々なモデルの場合と同じように、言語学的データのもっと抽象的な表示（Graffi 2001）を受け入れる必要があります。なお、「抽象的な」という用語は私にとってはあまり適切な用語ではないということを付け加えておく必要があるでしょう。私の理解ではこの用語は単に「知覚による直接の観察は不可能である」ということしか意味しないのです。けれどもこれがこの用語の意味であるなら、１９２０年代にフランスの物理学者ジャン・ペラン（Jean Perrin）が提唱した合理的な方法論的仮説を受け入れる限り、この用語はあまり重要ではありません。ペランの仮説に従えば、「不可視的のままであるものに関連する首尾一貫した諸仮説は、可視的なものに関する我々の知識を増加させ得る」（Perrin 1913）とあります。この原則は物理学に関して公式化されたものです。けれども「可視的な」に対応する概念を導入するならば、言語学に完全に当てはまります。存在するおそらくすべてが説明に貢献するものなのだ、という結論を出すことには、誘惑を覚えますね。

要するに、このことはちょうどタペストリー（つづれ織り）の裏側を眺めて、反対側に見られる精緻を究めた絵模様を形づくっている色彩の斑点は、布にディザインの表裏異なる面に予知不能な連結が生ずるような方法で規則的に縫い込まれた縫い糸に他ならないことを悟るのに似ています。ことばのタペストリーの裏側、つまり構造を生じさせる隠された縦糸横糸は、もしかすると、私たちが言語学の説明から期待し得る全てなのかもしれません。

訳注（1）これを「含意的普遍」と呼び、日本語にはこれが当てはまります。ここで前置詞と呼ばれているものは助詞（が、に、を、など）に相当しますね。他に「ある言語が動詞－主語－目的語という

語順を持つなら、その言語では形容詞は名詞に後続する」という例もあります。

訳注（2）*Language Universals: With Special Reference to Feature Hierarchies.* The Hague: Mouton & Co. 1966.（Reprinted 1980 and, with a foreword by Martin Haspelmath, 2005.）

訳注（3）日食・月食などのように、一方の天体が観測者と他の天体の間を通過する際に前者が後者を隠す現象。

訳注（4）ここに言うエーテルとは古代ギリシア時代から20世紀初頭までの間に想定されていた「物質」です。アリストテレスは地水火風に加えてエーテルを第5の元素とし、天体の構成要素としました。ニュートン力学ではエーテルに対し静止する絶対空間の存在が前提とされたのです。1905年にアインシュタインが特殊相対性理論を提唱したことによって、エーテルの存在は否定されました。

訳注（5）Albert A. Michelson と Edward W. Morley による1887年における実験。

第15章　エリック・H・レナバーグ（1921―1975）

言語の基礎は生物学か？

言語に関して生物学的研究を行なうのは逆説的である。なぜなら、我々は、一方において、諸言語は恣意的な文化上の制約から成り立っていると認めざるを得ないからである。

――レナバーグ『言語の生物学的基礎』

イデオロギーは科学にとって最悪の敵です。それはデータへの期待を創り出し、存在しないもの・ことを真実のように見せ、最終的には例外なしに痛切な落胆へと導くのです。『人生と運命』のなかで旧ソ連の作家ヴァシリー・グロスマンはナチスの強制収容所の道路、鉄道、電力線が、その幾何学的な峻厳さによっていかにすべてを拘束するかを記述することによって、全体主義による人道への組織的で邪悪な絶滅方針を読者に教えています。引用すれば『それは直線で満たされた空間、霧の立ち込める秋の空を切り刻む長方形と平行四辺形の空間であった』のです。私たちが荒削りで単純化不能の諸事実を考慮に入れなかったり、イデオロギーがデータを支配するがままにさせておけば、麻痺・停滞を招く危険を冒すことになります。20世紀中ごろの言語学はまさにこの状態でした。どんな代償を払っても諸言語は「恣意的な文化上の慣例の集まりだ」という概念を押し付けたいという欲望のもと、言語を生物学的に研究しようという試みは事実上排除されていたのです。

エリック・レナバーグは、言語の生物学的基礎に関する自分の論説で、序文にこの但し書きを入れざるを得ないと感じたのでしょう。本当にその必要があったのでしょうか？　今日なら必要ありません。それはレナバーグがこの著作を終えることによって、失語症からの回復は――それが可能な場合の話ですが――その病変が思春期以前・以後のどちらで起こったかによって異なった様相を見せるということを証明してくれたおかげです。病変が思春期以前に始まったのなら、回復の見込みはより高く、そして、これが示唆に富むところなのですが、回復途上の患者は、子供が自律的に母語を獲得する場合と同じ発達経路をたどる傾向があるというのです。病変が思春期を過ぎて始まった場合は、患者の回復の度合いは低い傾向にあり、かつ回復への道は混沌としたものであるのが典型的なのです。つまり、言語獲得はいわゆる「臨界期」の作用下にあるのです。臨界期は、それまで隠されていた能力が活性化されるか、発育不全となるか、という時期です。このことはよく知られています。というのは、言語以外の生物学的現象については、ヒト以外の動物に関して研究することが可能なためです。これらのことを勘案すると、思春期という時期を「恣意的な文化上の慣例の集まり」と呼ぶのは、どう見ても奇妙に映りますね（もちろん思春期は、栄養摂取過程や社会的要因に関連した複雑な変数の写像としていろいろ変わった姿を見せますが）。ですから言語一般が恣意的な慣例だという考えは、どうやら信じがたいものとなります。

とは言っても、レナバーグからの引用はそう簡単には無視することはできません。英語の語法が罠になっているのです（他の色々な言語――イタリア語もその中に入ります――ではこの罠から逃れることができます）。そのわけは、英語ではlanguageという単一の語で個々の言語と言語一般の両方を指していることにあります（イタリア語では最初の意味にはlinguaという語を、第2の意味にはlinguaggioという語を使っているのです）。英語ではこの2つは、前者は複数形になるけれど後者はならないという点で区別されるだけです。そのためレナバーグの言葉は、個別の言語が恣意的な文化上の慣例とみなされなければならないから言語一般を研究することは逆説的である、という解釈になってしまうのです。これは基本的なポイントで、20世紀の後半まで続いていた19世紀の研究の伝統との関連で見ると新風そのものでした（Bam-bini 2012）。ここで出現した新しい中心的問題は、伝達を行う能力という意味での「言語一般」が脳に基盤を置いている（これは強固に確立していると考えられます）程度はどのくらいか、ということではなくて、「人間言語の構造」が脳に基盤を置いているか否か、です。つまり、個別の諸言語、特にその統語論が脳に基盤を置いているか、なのです

（なぜなら統語論こそが人間のコミュニケーション体系と他の動物のそれとの間の分岐点の刻印をなすものだからです）。

イデオロギーに基づくいろいろな偏見は決して納得を得るものではなく、一層隠微なものになる傾向があります。それはそれらの偏見が科学とは単なる方法を超えたもの（人々にとってのアヘンというべきかもしれません）だということを認めているからです。しかしこの事実にも拘らず結果は希望を与えるものです。結果の中でも最も強力に肯定されるものは脳機能イメジング訳注(1)から得られる結果です。ただしそれが新たな骨相学訳注(2)に向かう傾向に道を譲らなければ、の話ですが。私がこう言うのは、次のことを強調することが重要だと考えるからです。すなわち、このタイプの研究の主眼点は特定の脳活動に神経心理学的対応物を見出し、それによって脳の機能地図を作り出すことにあるのではなく、明らかにいくつものモジュール訳注(3)から成る脳構造が我々の観察する認知的活動と行動的活動を引き起こすのはどうして可能なのかを理解するところにあるのです。これはいくつかの点で少し前の言語学に起こった進展に似ています。この進展はまず音韻論で、続いて統語論で起こりました。分類主義を廃棄し、諸単位を分解してもっと根源的な要素に還元したのです。もう1つの危険は、言うまでもなく、言語学上の形式的一般化をニューロンのメカニズムと解釈してしまうことです。これは時期尚早の目標で、ニューロンのメカニズムに関する私たちの考えを根本的に変えることなしに到達できるかは、明白であるとさえ言えないのです。それに対して、私たちにできること、そして実際に行われていることは、形式的接近法によって発見された言語の構造のある種の非常に一般的な特性が目的専用の神経回路に反映されているかどうかをチェックすることです。この領域では、上に言ったように、結果は希望を与えるものなのです。脳は、それが対面させられる文法のタイプに対して決して中立的ではありません。たとえば脳が、再帰的規則訳注(4)を持たない統語論に対面させられると、言語回路は徐々に後退し、代わりに別の、非言語的問題を解くのに関連しているとされる神経回路が活動を始めるのです。ただしこのことは、この区別を可能にしているニューロンのメカニズムのレヴェルで働いている神経心理学的アルゴリズムについては何も教えてくれません（Moro et al. 2001; Tettamanti et al. 2002, 2008b; Musso et al. 2005; Friederici et al. 2006; Moro 2013, 2015; Dehaene et al. 2015）。脳がさまざまな種類のソフトウェア――文法も含まれますが他の認知能力も含まれます――を動かすハードウェアだとする古い考え方は、こういう次第で、完全に時代遅れのものになっているのです（Di Francesco 2002）。ソフトウェア――すなわち異なる諸言語の諸文法――は、実は、ハードウェアの表現で、その構造上の範囲を決定しているものだ、と考えられるべきなのです。

ですからバベルの塔ゆえに起こったとされる言語多様化の限度は存在し、それは私たちの身体の中に銘記されているわけです。当然のことですが、このことは私たちが言語理解を神経学的メカニズムに還元しうる（私にとっては理解さえ不可能な考え方です）ということを意味しません。ただ私たちは、神経学的メカニズムが自然言語の構造とどの程度同型であるか（Poepple 1996; Moro 2015; Dehaene et al. 2015 及びその参考文献）を知ることが、たとえ少々にしても、できるかもわからないし、その結果、これらのメカニズムの変異の限界を定義して範囲を定め、それによって神経生物学的根拠から可能な言語の部類を定義できるかもしれません。ことばを換えれば、私たちには文法の「合理的解剖」ができる可能性があるのです。これは言語というものの総体が私たち人間に対して持つ意味のすべてとの関連で言えば、もちろん大したことではないどころか無価値だとさえ言えるでしょう。詩、呪い、約束、祈り、恋のささやき、ジョーク等はすべてこのプロジェクトからは外れています。けれど、他に合理的な選択肢はありません。

　どうやら私たちの立場は、愛撫を定義せよと言われて、手の構造と、手を構成している骨、筋肉、そして腱の角度を記述することしかできない人物のそれと同じであるようです。その記述は平手打ちのそれと区別するのが容易ではないでしょう。けれど、それだけであったにしても、少なくとも蹴りと混同されることはないはずです。それが第1歩なのです。

訳注（1）英語で neuroinaging と言います。脳内各部の生理学的な活動を多様な方法で測定し、それを画像化する技術。PET, MRI など。今井邦彦（2005）「語用論」、中島平三（編）『言語の事典』朝倉書店。109ページ以降に詳しい説明があります。

訳注（2）ドイツ人医師F. J. ガル（1758―1828）が唱えた学説で、脳の構成・機能の差が頭蓋の大きさ・形状に現れるので、頭蓋骨を外から視診・触診すればその人の性格や素質を知ることができるという主張でした。

訳注（3）英語でmoduleと言います。今井邦彦『語用論への招待』大修館書店の163ページから173ページに詳しい解説があります。

訳注（4）英語でrecursive ruleと言います。第6章の訳注（1）などを参照してください。今井邦彦ほか（訳）『チョムスキーの言語理論』新曜社に詳しい記述があります。

第16章　ニールス・ヤーネ（1911－1994）

統語論の再帰性

免疫システムは、人間言語に、幾分皮相的ではあるがそれにも拘らず驚きに値する類似点を示唆するほどの複雑性を持っており、私はその複雑性の程度は驚嘆すべきものだと考える。

――ヤーネ『免疫系の生成文法』

私が誰かに面と向かってくしゃみをしたときと、その人に何かを言ったときとで、その人の身体は、ある意味で同じように反応する、などと考えた人はいるでしょうか？　もう少し正確に言いますと、くしゃみに込められた情報が認識される方法は、文に込められた情報が認識される方法と決して似ていなくはない、ということなのです。身体――脳だろうとリンパ・システムだろうと――は、自分が自分とは違う何か、どこか余所《よそ》から来たものに対処しているのだということを認識しているに違いありません。でなければ、問題です。もし私が他人の発した文を聞いて自分がそれを言ったのだと思ったり、自分の頭に浮かんだ文を他人が言った文だと考えたならば、私は自分自身についても、また自分の外にある世界についても何も理解できないでしょう。同じように、私の免疫系も、私に属するものを属さないものから区別できるはずです。そうでなければ、遭遇したものを攻撃すべきか、取り入れるべきか、ほうっておくべきかが判らないからです。ヤーネに1984年、生理学・医学ノーベル賞をもたらした彼の並外れて素晴らしい発見は、免疫システムが外界への反応としてその時の刺激への咄嗟《とっさ》の作用としてのみ形成されるのではなく、経験に先んじて過剰なほど豊富な抗体のレパートリーが存在し、免疫システムの持ち主である有機体はウィルスとか細菌という抗原に出会うとその抗体レパートリーを行使するのだ、ということなのでした（Paul 2013を見て下さい）。同様に、文が頭脳に入ると、それを解読するシステムはその文に対する反応としてのみ形成されるのではありません。脳には経験に先んじて過剰なほど豊富な〝抗体〟のレパートリーが存在し、脳は言語的記号に出会うとそれを行使するのです。これは「普遍文法」として知られるものの背景にある本質的観念です。言語を理解する私たちの能力の一部は、免疫システムの場合と全く同じく、経験に先んじたあるものに基礎を置いているのです。ものごとをもっと思弁的な視点から見れば、普遍文法とは言語的記号の発達決定における経験の限界に関する理論以外の何物でもない、と私たちは言えるでしょう。本質において、生成文法は個々の人間の「言語脳幹」を捉えているのです。

ところでこの理論を真剣に受け入れるとすれば、私たちは他のどんな特徴を言語の構造が持っていると考えてよいでしょうか？　特に多くを物語る特徴が1つあります。私たちはすべての人間言語が再帰的統語論を持っている訳注（1）ことを知っています。このことはどの人間言語にも固定された位置の2語——文の最初と最後の語でさえも——を関係づける規則はないことを必然的に意味します。私たちはまた、脳に非再帰的統語論を教えようと試みると、脳は確かにそれを学習しますが、言語回路は徐々に離脱してゆく、ということも知っています（Moro 2013, 2015 およびその参照文献を見てください）。こうしたこと全体は生物学的問題とどういう関わりがあるのでしょうか？　と言うのは、これがヨーロッパ人たちが初めてアメリカ大陸に着いたときに起こったこととある意味で似ているからです。ヨーロッパ人たちは、いろいろなものを持ち込みましたが、中でも、先住民族が抵抗不可能な細菌やウィルスを持ち込んだのです（Oldstone 1998）。先住民族の免疫システムは、地元の病原体には反応できても、新入りの病原体には対抗できなかったのです。幸いなことに、文にはこうした壊滅的な影響力はありません。誰かが私たちに非再帰的統語論を使って話しかけても、私たちが病気になるわけではありません。でもそれは問題点ではないのです。問題点は、自然は有機体に適合するための時間を無制限に与えないし、進行中の作業を変更する傾向もありません（少なくとも、絶対に、と言っていいほどないのです）。有機体が、条件が新しくなったからといって、自分自身のある部分を再構築する、というのは（傷あとの場合のように微細なケースは別として）極めて稀なことです。大幅な再構築は、飛行中の航空機の翼を取り換えるのにいささか似ていて、困難であり、同時に危険です。人間が自分に加える修正は、一般的に言って、純粋に微細なものです。ただし、予期に反する例外もあります。歯がその例です。ある時期に、最初の有用な変種が抜け落ちて別の変種が代わりを務めます。でもこれは最初の歯が使い古しになったからではありません。他の、もっと激しく使われる器官には起こらないことなので、歯の例外性は高いですね。私たちは成長のある時期まで乳歯を持つわけですが、「乳眼」とか「乳肝臓」というのはありませんし、それを言うなら「乳統語論」もないですね。歯が持つこの特殊性には単純な説明は存在しません。しかし話を認知の領域に限るために言えば、もし成人となった人間がもっと効率的で強力で、無限かもしれない統語論を自律的に獲得することができたら、非常に都合がいいでしょう。けれどもそういうことは起こりません。それはちょうど私たちが未処理の海水を飲む術を獲得しないのと同じです。未処理海水を飲むことになれば私たち人類の生き残りのために極めて有用であるにも関わらず、です。

成人が再帰的統語論しか使わないのにはおそらく理由があるのでしょう。ただその理由は、人類の系統発生的歴史からも、個人の個体発生的歴史からも、到底復元できるものではありません（Moro 2011b）。この状況は、未来の考古学者が、コンピューターは発見したけれどもタイプライターは発見しなかった状況に比較できるでしょう。この考古学者にとっては、現在のコンピューターのキーボード上の文字がこのように配置されたわけは、最も頻繁に使用される文字ともっとも動かしやすい指との連携を容易にするため――これは原因として自然に想像されますが――ではなくて、英語で最も頻繁に使用される諸文字に対応するタイプバー（タイプライターの先端に活字の付いた金属の腕）が互いに邪魔になるのを可能な限り防ぐ必要性（この必要性は、もうこの時代になれば純粋に技術的な理由から存在しませんが）があったためだった、などということは想像もつかないことでしょう。キーボードの文字の第1行は左からq、w、e、r、t、yという順に並んでいますが、これはそもそも技術的な問題に対する可能な解決法の1つに過ぎなかったのです。これが生んだ犠牲は、キーの配置がひどく無秩序に見える（少なくとも普遍的に容認され偏在的になっているアルファベットの順番との関連で）ことですが、実用的な便利さが勝ち抜いたわけです。この配置だとタイプバーが絡まってしまった時にタイプを打つのを中断する必要を減らすことができるわけです（Liebowitz & Margolis 1990）。とすると、おそらく、今日の統語論に見られる再帰的構造は、何らかの個体発生的ないし系統発生的理由からして有利なものだったのでしょう。けれどその理由が今では姿を隠してしまったので私たちには根拠のないものと見えてしまうのです。もしかするとこの構造は今では無益で、それどころか目的達成にとって逆効果なものなのかもしれません。でも私たち人間の遺伝学的青写真の中に「乳統語論」を導入するのは途轍もなく大きな損失を伴います。

「おそらく」、「もしかすると」、ばかり続きましたので、確かなことを申しましょう。確かなことは、私たち人類は生物学的ふるまいのようなものを持って生まれてきて、そのふるまいが、経験に先立って、達成可能な文法の数を、初めから制限しているのだ、ということです。そしてこれは言語獲得にとって大いなる助けです。こうでなければ、あるタイプの風邪が治らないうちに、ありとあらゆる風邪に罹らなければならないのと似たようなことになってしまいますものね。

訳注（1）第15章の訳注（4）を見てください。

第17章　ノウム・チョムスキー（1928―）

脳の進化と統語論

言語はキリンの首よりも雪の結晶によりよく似ている。その固有の特性は自然の法則により決定されおり、歴史的偶有性の積み重ねによって発達したのではない。

――チョムスキー（2004）、著者との同意に基づく敷衍および適応化による：J.Russell（2004）も参照。

これは集合写真ではありません。個人、それも、見かけにもかかわらず、いささか孤立している個人の肖像写真です。思いもかけず難しい写真です。旅がまだ終わっていないことを見る人に実感させる写真の1つなのです。これを理解するためには、少なくとも3つの予備的な主張を述べておかなければなりません。

第1は論理的推論です。人間言語の特有な性格が統語論であるとすれば、そして統語論の特有性格が再帰性――つまり、可能性としては（基本的操作を繰り返すことによって）無限の階層的な構造[訳注(1)]を造り出す能力――であるとすれば、系統発生的意味でも個体発生的意味でも、言語の先駆けというものはありえません。この定義を前提とすれば、要するに、統語論というのは全か無かの代物《しろもの》なのです。つまり統語論とは存在するかしないか、です。統語論はある程度存在するとか、統語論は段階的にその近似値を見出せる、などと言うことは、ある十分な大きさの数《すう》があって、それを他の数に足せば無限が得られる――数学の空中楼閣です――とか、算数の先駆けがあって、それはある数までしか通用しない、とか主張するようなものです。第2のポイントは比較に関するもので、人間言語の統語構造は他のいかなる生物の伝達システムにも同等物が存在しない、という趣旨です。上で述べたように、このことはデカルトの時代から知られていました。新しい点は、今ではこの構造的差異を、直観的ではなく、逸話風にでもなく、比喩的にでもなく、数学的術語で指定できるということです。その構造的差異は「再帰性」（と、それに基づいた局所性[訳注(2)]を含むすべての規則）です。第3の予備的主張は実験に関することです。知られている通り、私たちが再帰的な統語法を用いて作られた文を生成するか解釈する時は、神経回路の特定の集合が活動しますが、非再帰的な統語論を用いた「あり得ない文法」の場合はその回路は活動しません。これは確固たる実験結果で、世界中のさまざまな研究所での実に多数の実験で同じ結果が得られています（Kaan & Swaab 2002; Marcus et al. 2003; Monti et al. 2009; Moro 2013, 2015; Friederici et al. 2006; Cappa 2012; Dehaene et al.

2015）。このことは統語論が、レナバーグを悩ませた「恣意的な文化上の慣例」であるという可能性を完全に排除しています。生理学とは、本質的に、慣例が関与する学問ではないのです。

これらの諸点を相互に調和整合させるのが容易でないことはすぐに理解できます。一方で、人間言語の統語論はひとまとめに出現しなくてはなりませんが、他方において、統語論を表現する器官である脳は漸進的なプロセスである進化の結実以外ではあり得ません。もちろん、進化が突然スピードを上げ、停滞期との交替を繰り返すことも（アメリカの進化生理学者グールド（Stephen Gould 1941-2002）の断続平衡説訳注（3）で提唱されている通り）あります。けれども変化の進度を除けば、すべては必然的に一歩一歩進んでいくのです。ダーウィン自身が、有名な手紙の中でこの方面で例外扱いをすることへの警告を発しています。（Gould 2002 中での引用を転記すれば次の通り）：「もし数多くの小さな継続的変異によって形成され得ない複雑な器官の存在が証明され得たら、私の理論は確かに崩壊するだろう」。進化の進行の最中に有機体の中に（いわば）突然ある構造が出現したというケースはいくつかありました。けれどもそれは先に形成された構造がその有機体の外側から移入されたのです。よく知られているのは、古細菌が真核細胞の中へ前駆細胞（分化・成熟する前段階の細胞）として移入されたケースです。たとえ同じようなことが人間言語に起こったと言ったところで、そこから引き出される唯一の結果は、この構造の起源の問題を検討の範囲から追い出すことだけでしょう。

私たちは逆説的な結論に向き合わされています。言語の構造が、それを表現する神経生物学的構造、つまり脳、を生み出した生物学的法則に従わないのですから。結局のところ、私たち人間だけが言語構造を持っているわけで、そのことは、言語構造を生み出した選択の圧力は伝達を行う必要性から来たという可能性を排除する訳注(4)わけです。もちろん、私たち人間がこのタイプの統語論を持った唯一の生物種であることを否定するなら話は別ですが。

この不思議な、同時に魅惑的な視点からすると、チョムスキーの言語構造はキリンの首よりも雪の結晶によりよく似ているという提言の重要性が判ってきます。雪の結晶の1つ1つは、数えきれないほどの、しかし無限ではない変種の中で、ある意味で、それぞれ複雑な物理的平衡状態に対する1つの可能な「解《かい》」（方程式のそれのような）を表しているわけです。結晶の構造は、気温、引力、気圧、水分の量と純度等の条件へのほとんど瞬時の反応です。言語の構造も同じ様式で形成されるのかもしれません。つまり、その本質も複雑度も私たちには不明なそれぞれ独立の諸条件を満足する瞬時的な解だ、という意味です。さまざまな個別言語間の差異に関して言えば、個々の言語は言語一般と言うシステムが許す自由度の範囲で生ずる表現なのかもしれません。雪の結晶の間の差異と似ているわけです。もちろん私はここでは言語の構造のことを言っているので、脳について語っているのではありません。脳は絶対に瞬時的でない過程の産物です。その過程では偶然や進化の前歴が、キリンの首の場合と同じように、役を演ずるのです。

これら2つの連結した、しかしどう見ても調和しがたい現象を結び合わせる理論を想像するのは極めて困難です。もしかすると決してそうした理論には出会わないかもしれませんし、ニュートンが当時支配的だったデカルト式モデルの物理学を大幅に変換したように、私たちが神経生物学を大幅に変換すれば、初めてそうした理論に出会えるかもしれないのです。それに、今日では問題の現象に関する私たちの知識は過去に比べれば比較できないほど精度が高くなっていますが、この「袋小路」は、すでに見た通り、古くからのルーツを持っています。デカルトでさえも、人間言語の唯一的で、「合理的」で、創発的な面を、機械論的な定論が要求する唯物論的基本原理に適合させることに成功せず、彼の有名な二元論的哲学の路を選ばねばなりませんでした。この哲学では2つの全く別な、互いに還元不可能な実在が仮説としてたてられます。「考える実体」（res cogitans）と「空間を占める実体」（res extensa）です。これよりずっと最近の、脳をハードウェアに、言語をソフトウェアに見立てる考え方も、やはり役に立たないことを私たちはすでに見てきました。となると、私たちは次の可能性を除外すべきではないということになります。すなわち、他の何らかの構成レベルに還元する試みがすべて失敗に終わるなら、神経生物学からも、形式的特性からも派生されない特徴を持った構成レベルを仮説として（少なくとも一時的に）立てることを避けない方がよいのではないか、という可能性です。この構成レベルは「心／脳ウェア（mindware）」と呼ばれてよいでしょう。こうすることによって、私たちはニュートンの接近法に近づくと言えます。つまり彼が、少し離れた地点・時点での行動が重力の理論の説明部分となり得る可能性を（一時的にもせよ）認めた接近法です。さらに言えば、科学において価値があるのは、予知を行い新しい疑問を公式化する能力だけなのです。

この還元不能な不確実性の中で、私が確信を持っていることが1つだけあります。つまり、人間の脳は生物学の世界の中で唯一無二の存在であるということです。次の2つの自律的特性を合わせるとその証拠が得られます。1つは人間言語の再帰的構造は他の種には対応物を持たないという事実で、もう1つはこの再帰的構造が脳の発現、しかも言語に関しては唯一可能な発現であって、「恣意的な文化上の慣例」ではないという事実です。こうした事実からどういう結論を引き出そうと望むにせよ、そしてこの場合、誰の意見も他の誰の意見と同程度に妥当、という事情ですから、私はフランスの生化学者ジャック・モノ（Jacques Monod 1910-1976）の著『偶然と必然性』（Mono 1970, Newman 1973）の有名な結論的ことばは必ずしも正しいとは思いません。そのことばとは、「古い幻想は破壊された。我々人類は、自分たちがそこから偶然に発生した1つの天地が持つ冷淡な無限空間の中に自分たちが孤立していることを知っている。私たちの義務は何か、宿命はどうか、はどこにも記されていない。王国と暗闇との間の選択は我々だけが持っているのだ」というものです。このことばを読むと私はこう付け加えたくなります。少なくとも私にとっては、偶然を選ぶことは暗闇への第一歩だ、と。

訳注（1）　第15章の訳注（4）を見て下さい。

訳注（2）　英語でlocalityと言います。言語構造の中の要素が「どれだけ近接しているか」に係わる原則です。たとえば、［$_{S1}$ Bill thinks ［$_{S2}$John likes himself］$_{S2}$ ］$_{S1}$で、himselfは局所領域（local domain）――この場合はS2――にあるJohnを指すことはできますが、その外にあるBillを指すことはできません。より詳しくは今井邦彦ほか（訳）『チョムスキーの言語理論』新曜社　4・4・2以降および5・3以降を見てください。

訳注（3）　英語でThe theory of punctuated equilibriumと言います。趣旨はモロの説明の通り。

訳注（4）　他の動物も伝達はします。伝達の必要性から人間言語が生まれたという説がもし正しいなら、他のいかなる動物にも言語が生じなかった事実の説明ができません。

フィナーレ

悪魔はすべてを約束するわけではない。何かを、それで十分だと思わせるだけだ。

——匿名氏

これでこの写真アルバムは終わりです。アマチュアの撮った写真に時々起こることですが、もし私の姿があちこちに写っているのが見えたり、もっと悪いことですが、私の手が写真に写っていたりしても、読者の皆様は私を許して下さると願いますし、とりわけ、このことが、被写体諸氏の本質的重要性を減らすことはないものと希望しています。諸氏は今でもそこにいて、この後もまだ被写体になりえます。本当のことを言えば、数えきれないほどのスナップ写真がこのアルバムに載せられなかったのです。すなわち次の人々のスナップです。何よりもまず、ニコライ・トルベツコイ、アルフレート・タルスキー、ルイ・イエルムスレウ、レナード・ブルームフィールド、オットトー・イエスペルセン、リチャード・モンタギュー、リチャード・ケイン訳注(1)です。けれども、スナップ写真を載せることがどうしても不可能だと思われる人が1人だけいます。私は『日常語における達意の文について』訳注(2)第1巻の最初の7章をコンマ1つでさえ変えるつもりはありません―ただ私はピエール・メナールのような強い衝動訳注(3)は持っていません。

ですからこのアルバムは完璧ではないのです。でも本当の問題は、言語を主題とするアルバムがそもそも完璧でありうるか、です。言語は、時折、掴もうとする私たちの手をするりと躱《かわ》します。亀が、追いつこうとするアキレスを躱した訳注(4)のと同じです。言語に近づいたなあ、と思うと、言語は少し先に行っているのです。しかし落胆して諦めるのは私の性《しょう》に合っていません。もしかすれば、私たちはこの亀を掴まえるのは遂にできないかもしれませんが、その姿をまともに見るのに十分なだけ近づくことは可能だと私は確信しています。

訳注（1）　Nikolai Trubetzkoy（1890-1938）ロシアの言語学者。構造言語学プラハ（プラーグ）学派の音韻理論に重要な影響を与えました。

Alfred Tarski（1901-1983）ポーランド生まれの論理学者・数学者。記号論理学、意味論、言語哲学の発展に寄与しました。

Louis Hjelmslev（1899-1965）デンマークの言語学者。心理学、社会学等の介入を排し、厳密な形式主義を掲げた形式言語学の創始者と言えます。

Leonard Bloomfield（1887-1949）アメリカ構造主義言語学を代表した学者。その行動主義（behaviourism）的言語観・研究法は前世紀半ばまで勢力を誇りましたが、生成文法の登場によって力を失いました。

Otto Jespersen（1860-1943）デンマークの言語学者・英語学者。日本における英語学研究の礎《いしずえ》であった市河三喜博士の称揚もあって、我が国の英語学界ではある時期まで神様的存在でした。チョムスキーは Chomsky（1986）*Knowledge of language: Its Nature, Origin,and Use.* の中でイェスペルセンによる生成文法のいわば先駆的考察を誉めそやしています。

Richard Montague（1930-1971）アメリカの数学者・論理学者・言語哲学者。数理論理学において顕著な業績をあげ、この理論を自然言語の意味論に応用しました。

Richard Kayne（1944-）アメリカの生成文法学者。その理論はミニマリスト・プログラム（今井邦彦ほか（訳）『チョムスキーの言語理論』新曜社　5．1を見てください）出現を含む生成文法の発展に寄与するところがありました。

訳注（2）*De vulgari eloquentia.* ダンテの書。「日常語」とはラテン語に対するイタリア語のことで、中世のエッセイはラテン語で書かれるのが普通でしたが、ダンテはイタリア語にもラテン語と同じような品位と正当性を与えよとする議論を展開しました。

訳注（3）アルゼンチンの作家ボルヘス（Jorge Luis Borges 1899-1986）の *Pierre Menard, autor del Quijote*（『キホーテの著者ピエール・メナール』）の主人公メナールは20世紀の博識なフランス人作家で、ドン・キホーテを原作の17世紀スペイン語で一行残らず「再創造」しようと努力します。その強すぎる

熱意・衝動が、この作品のアイロニー、ユーモアの源泉になっているのです。

訳注（4）　ゼノン（古代ギリシアの哲学者）によるパラドックスで、俊足のアキレスが前を走るのろまな亀に追いつこうとしても、まず亀がいた地点に到達しなければならず、その地点にアキレスが到達したとき、亀はそれよりも少し進んだ第2の地点まで移動していて、さらにアキレスが第2地点に到達したときは、亀は再びそれよりも少し進んだ第3地点に移動していて…という次第でアキレスは永遠に亀に追いつかない、という説です。

あとがき

　この本では言語について語ってきたわけですが、その語り口はかなり風変わりな絵を描いてしまったと思います。解剖図のようなものですから、ある程度の詳細は示していますが、やむを得ぬことは言え、無味乾燥で生気のないものとなっているかもしれません。私もそのことは自覚していて、場所が許す限り明示的にその旨指摘してきたつもりです。私たちにできることは、個人および人類全体の言語が持つ構造上の限度、つまりは「バベルの限界」を記述することだけです。けれども私たちは皆、言語の創造的使用、そして皆が創造的使用について持っている経験を通じて言語を知覚しています。たった今でもその通りです。1つの文を取り上げて、その文は他のいかなる文よりも高く評価されるべきだ、などということを決定する権利を持った人などは存在しません。どの文に対してもそれを尊重する姿勢、そしてそのことから発する責任、それはどの文をとってもその後ろには人がいるという事実から生じているのです。このことを私はもう一度、そしてこれが最後ですが、引用によって明らかにしたいと考えます。1940年代のニューヨークに関する本からです。この本は言語については何も言っていません。樹木に関する本なのです。あることに真に関心を抱くと、ひとは最終的にはすべてのことに関心を抱くようになります。すべての形態における実在と生《せい》のまたとない本質に対して、すなわち私たち人間よりもはるかに大きい神秘に対して関心が向かうのです。下記引用は、こうした認識の本義を明らかにするでしょう。樹木に当てはまることは文にも当てはまるのです。

ニューヨーク市中南部タートルベイという新しい「人の国」訳注(1)から1、2ブロック西へ行ったところに、屋内の庭を統括する1本の古い柳の木がある。酷使されてきた木で、長いこと苦しみ、何度となく人々に登られ、何本もの針金でまとめられているが、その木を知る者たちからは愛されている。ある意味で、その木はニューヨーク市の象徴だ。困難に押しつぶされた生命であり、格差に立ち向かう成長であり、コンクリートの真っただ中の感情の昂《たか》ぶりであり、太陽に手を延ばすための支柱である。このごろは、この木を見、そしてプラタナスが作ってくれる木陰の涼しさを感じるといつでもこう思う。「これは守り続けなくては、この特別なもの、この木そのものは！」と。これが去ってしまうなら、すべてが去ってしまう。ニューヨーク市が、そして眺めなければ死に近づくこの素晴らしい瞬間が！

訳注（1） The City of Man. 聖アウグスティヌス（354―430）の著『神の国』では、「神の国」はキリスト教の愛の共同体であり、「人の国（地の国）」は世俗世界で、両者の角逐は最終的には前者の勝利で終わる、とされました。1941年に出版された *The City of Man: A Declaration on World Democracy*, Viking Press では、台頭するナチスドイツの独裁主義に対抗するため、民主主義的理想を世界中に広めることを提唱しています。タートルベイに国際連合本部を建設することは1940年代に決まっていました。この引用文にある「新しい『人の国』」には、近代になって神の規律を離れた人間の自律を謳う気持ちが現れているのかもしれません。

謝辞

この本を造り始めた時、最後に感じているこの気持ちは予期していませんでした。これらの登場人物について語ってきたことが、私が1つのグループの一員であることを自分に気付かせたのです。被写体となった人々は——神様はもちろん別ですが——ページを通してお互いを見、そしてほほえみを交わすなり、互いを無視するなりしていますが、それにも拘らず1つのグループを成しているのです。この人々の姿を組み合わせることによって私は自分が言語について語るときに感ずる情熱——それは真の情熱です——私が1つのグループの一員であると感ずるその感覚と繋がっていることを悟ったのです。私はそのリーダーになることには興味がありませんし、事実、リーダーではありません。私にとっては参加することで十分なのです、それはジオルジョ・ガベール訳注(1)が歌っている「自由とは参加すること」そのものです。

私はこの本の各章に盛り込まれた考えについて、いろいろな機会に惜しみなく私と議論し、またコメントしてくださった友人や恩師にも感謝の言葉を捧げます。お名前を挙げると、ノウム・チョムスキー、ジョルジオ・グラッフィ、ルイージ・リッツィ、ジェンナロ・キェルキア、マッシモ・ピアッテッリ=パルマリーニ、リチャード・ケイン、ジューゼッペ・ロンゴバルディ、エドアルド・

ボンチネッリ、ステファーノ・カッパ、マルコ・テッタマンティ、サルヴァトーレ・ヴェカ、マッシモ・カッチアリ、ジューゼッペ・トゥラウッテウル、アレッサンドラ・トムマセッリ、ケン・ヘイル、ヴァレンティーナ・バンビーニ、マルコ・リヴァ、トムマッソ・ベッリーニ、ミケーレ・ディ・フランチェスコ、リタニハ・マンツィーニ、グイード・アンドウレオッリ、ジャック・メレール、マッテオ・グレコ、ロベルト・ティンティネッリ、ピエール・マルコ・ベルティネット、アルベルト・フェッラーリ、グイエルモ・チンケ、ダニエラ・ペラーニ、ステファーノ・アルドウイーニ、マリア・エレーナ・モロ、ロレンツォ・マグラッシ、ロゼッラ・テステラ、アンジェロ・モロ、ウンベルト・マンフレディーニ、ファビオ・ボネッティ、エルシリーア・カッタネオ、レミジオ・アッレグリ、ニール・スミス、イアン・ロバーツ、ジウリオ・レプシ、ジョヴァンニ・ナヴァ、そしてフランコ・ボットーニ訳注(2)。そしてマッテオ・コディニョーラ（Matteo Codignola）には、この選集の組み立てにとって決定的な要素となった、その誠実さ、激励、辛抱強さに対して謝意を表します。私の著作権代理人マルコ・ヴィジェヴァーニ（Marco Vigevani）にも感謝します。これらの人々の有益な提言すべてに対する頑固な抵抗はすべて私のなせる業です。エリック・シュヴァルツ（Eric Schwartz）には特別の謝意を述べたく思います。エリックは、この英語版を支持し、偉大な寛容さと知性と忍耐を以て育成してくれました。この本を翻訳してくれたイアン・ロバーツ（Ian Roberts）には十分に感謝する適切な言葉が見つからないほどです。イアンは私にとってマエストロと友人を兼ねた稀な存在で、この翻訳は彼が私に贈ってくれた私には身に余る、求めても本来与えられないはずのプレゼントです。彼が私のイタリア語を解釈し、それを彼の母語で生き返らせた手腕は私にとって実に印象的です。そのため、この訳本を、そうすることがもし奇怪千万なでなかったなら、イタリア語に再翻訳されるべきだ、などと夢想します。それが可能なら我が本も、イアン自身の解釈におけると同じように光り輝くものとなるはずなのですが。最後になりますが、レズリー・クリースル（Leslie Kriesel）は、私のいつまで経っても出てくるミスを遮断してくれました。この本は、どんな主題であってもそれについてものを書こうと一切思わなった人すべてに捧げられます。

訳注（1）Giorgio Gaber（1939-2003）．イタリアの歌手、作曲家、俳優、脚本家。

訳注（2）Noam Chomsky, Giorgio Graffi, Luigi Rizzi, Gennari Chierchia, Massimo Piattelli-Palmarini, Richard Kayne, Giuseppe Longobardi, Edoardo Boncinelli, Stefano Cappa, Marco Tettamanti, Salvatore Veca, Massimo Cacciari, Giseppe Trautteur, Alessandra Tommaselli, Ken Hale, Valentina Bambini, Marco Riva, Tommaso Bellini, Michele Di Francesco, Rita Mazzini, Guido Andreolli, Jacques Mehler, Matteo Greco, Roberto Tintinelli, Poer Marco Bertinetto, Alberto Ferrari, Guglielmo Cinque, Daniela Perani, Stefano Arduini, Maria Elena Moro, Lorenzo Magrassi, Rosella Testera, Angelo Moro, Umberto Manfredini, Fabio Bonetti, Ersilia Cattaneo, Remigio Allegri, Neil Smith, Ian Roberts, Giulio Lepschy, Giovanni Nava, Franco Bottoni.

Moudulating Action Representations." *NeuroImage* 43(2): 358-67.

Tettamanti, M., and A. Moro. 2012. "Can Syntax Appear in a Mirror (System) ?" *Cortex: Special Issue on Language and Motor systems Cortex* 48(7): 923-35.

Tettamanti, M., I. Rotondi, D. Perani, G. Scotti, F. Fazio, S. F. Cappa, and A. Moro 2008b. "Syntax Without Language: Neurobiological Evidence for Cross-Domain Syntactic Computations." *Cortex* 45(7): 825-38.

Trautteur, G. 2002. "Undici tesi sulla scienza cognitive." *Adelphiana* 1 :71-96.

Turing, A.M. 1950. "Computing Machinery and Intelligence." *Mind* 59: 433-60.

Veca, S. 2011. *L'idea di incompletezza: Quattro lezioni.* Milan: Feltrinelli.

Westfall, R. 1983. *Never et Rest*. Cambridge: Cambridge University Press.

Wilson, R., and F. Keil. 1999. *The MIT Encyclopedia of the Cognitive Sciences.* Cambridge, Mass.: MIT Press.

Zellini, P. 2010. *Logos e numero*. Milan: Adelphi.

Cambridge University Press.

Reichenbach, H. 1977. *The Philosophy of Space and Time*. New York: Dover.

Rizzi, L. 1990. *Relativized Minimality.* Cambridge, Mass.: MIT Press.

——. 2009. "The Discovery of Language Invariance and Variation, and Its Relevance for the Cognitive Sciences." *Behavioral and Brain Sciences* 32:467–68.

Russell, B. 1945. *A History of Western Philosophy*. London: George Allen and Unwin.

Russell, J. 2004. *What Is Language Development: Rationalist, Empiricist, and Pragmatist Approaches to the Acquisition of Syntax.* Oxford: Oxford University Press.

Schrödinger, E. 1944. *What Is Life?*. Cambridge: Cambridge University Press.

Tattersal, I. 2012. *Masters of the Planet: The Search for Our Human Origins.* London: Palgrave Macmillan.

Terrace, H.-S., L.-A. Petitto, R.-J. Sanders, and T.-G. Bever. 1979. "Can an Ape Create a Sentence?" *Science* 206 (4421) :891–902.

Tettamanti, M., H. Alkadhi, A. Moro, D. Perani, S. Kollias, and D. Weniger. 2002.

"Neural Correlates for the Acquisition of Natural Language Syntax." *NeuroImage* 17:700–9.

Tettamanti, M., R. Manenti, P. Della Rosa, A. Falini, D. Perani, S. Cappa, and A. Moro. 2008a. "Negation in the Brain:

Longman.

——. 1973. Letter to J. Walker Scarborough (1868) . In *The Letters and Diaries of John Henry Newman,* ed. C. S. Dessain and T. Gornall. Oxford: Clarendon Press, XXIV:77–78.

Newmeyer, F.J. 2005. *Possible and Probable Languages: A Generative Perspective on Linguistic Typology.* Oxford: Oxford University Press.

Oldstone, M. 1998. *Viruses, Plague, and History.* Oxford: Oxford University Press.

Pallier, C., A.-D. Devauchelle, and S. Dehaene. 2011. "Cortical Representation of the Constituent Structure of Sentences." *PNAS* 108 : 2522–27.

Paul, W., ed. 2013. *Fundamental Immunology.* 7th ed. Philadelphia: Wolters Kluwer.

Perrin, J. 1913. *Les Atoms.* Paris: Alcan.

Poeppel, D. 1996. "Neurobiology and Linguistics Are Not Yet Unifiable." *Behavioral and Brain Sciences* 19(4): 642–43.

Piattelli-Palmarini, M. 1989. "Evolution, Selection and Cognition: From 'Learning' to Parameter Setting in Biology and the Study of Language." *Cognition* 31:1–44.

——. 2008. *Le scienze cognitive classiche: Un panorama.* Ed. N. Canessa and A. Gorini. Turin: Einaudi.

Pinborg, J. 1982. "Speculative Grammar." In *The Cambridge History of Later Medieval Philosophy: From the Rediscovery of Aristotle to the Disintegration of Scholasticism* 1100–1600, ed. N. Kretzmann, A. Kenny, and J. Pinborg, 254–70. Cambridge:

——.2000. *Dynamic Antisymmetry*. Cambridge, Mass.: MIT Press.

Moro, A., M. Tettamanti, D. Perani, C. Donati, S. F. Cappa, and E. Fazio. 2001. "Syntax and the Brain: Disentangling Grammar by Selective Anomalies." *NeuroImage* 13:110–18.

——. 2009. *Rethinking Symmetry: A Note on Labelling and the EPP.* In *La grammatica tra storia e teoria: Scritti in onore di Giorgio Graff,* ed. P. Cotticelli Kurras and A. Tomaselli, 129–31. Alessandria: Edizioni dell' Orso.

——. 2010. *Breve storia del verbo "essere": Viaggio al centro della frase.* Milano: Adelphi.

——. 2011a. "A Closer Look at the Turtle' s Eyes." *PNAS* 108(6):2177–78.

——. 2011b. " 'Kataptation,' or the QWERTY-effect in Language Evolution." *Frontiers in Psychology* 2:50. doi: 10.3389/fpsyg.2011.00050.

——.2013. *The Equilibrium of Human Syntax: Symmetries in the Brain*. New York: Routledge.

——.2015. *The Boundaries of Babel: The Brain and the Enigma of Impossible Languages, Second Edition*. Cambridge, Mass.: MIT Press.

Moro, A. Forthcoming. *Impossible Languages*. Cambridge, Mass.: MIT Press.

Musso, M., A. Moro, V. Glauche, M. Rijntjes, J. Reichenbach, C. Büchel, and C. Weiller. 2003. "Broca' s Area and the Language Instinct." *Nature Neuroscience* 6: 774–81.

Newman, J. 1879. *An Essay in Aid of a Grammar of Assent*. London:

Indianapolis: Hackett.

Magrassi, L., G. Aromataris, A. Cabrini, V. Annovazzi Lodi, and A. Moro. 2015. "Sound Representation in Higher Language Areas During Language Generation." *Proceedings of the National Academy of Science PNAS* 112(6): 1868–73. Published ahead of print January 26, 2015; doi:10.1073/pnas.1418162112.

Magrassi, L., D. Bongetta, S. Bianchini, M. Berardesca, and C. Arienta. 2010. "Central and Peripheral Components of Writing Critically Depend on a Defined Area of the Dominant Superior Parietal Gyrus." *Brain Research* 1346(July 30):145–54.

Manzini, M. R. 1992. *Locality*. Cambridge, Mass.: MIT Press.

Marcus, G., A. Vouloumanos, and I. A. Sag. 2003. "Does Broca' s Play by the Rules?" *Nature Neuroscience* 6(7):651—52.

Martino, G. 2010. *Identità e mutamento*. Milano: Editrice San Raffaele.

Medawar, P. B. 1967. *The Art of the Soluble*. London: Methuen.

Mehler, J. 1974. "Connaître par dèsapprentissage." In *L'Unité de l'homme 2. Le cerveau humain*, ed. E. Morin and M. Piattelli Palmarini, 25–37. Paris : Éditions du Seuil.

Monod, J. 1970. *Le Hazard e la nécessité. Essai sur la philosophie naturelle de la biologie modern*. Paris: Éditions du Seuil.

Monti, M., L. Parsons, and D. Osherson. 2009. "The Boundaries of Language and Thought: Neural Basis of Inference Making." *PNAS* 106(20):12554–59.

Moro, A. 1997. *The Raising of Predicates*. Cambridge: Cambridge University Press.

Kandel, E., J. Schwartz, T. Jessell, S. Siegelbaum, and A. Hudspeth. 2012. *Principles of Neural Science.* New York: McGraw-Hill Medical.

Kayne, R. 1994. *The Antisymmetry of Syntax.* Cambridge, Mass.: MIT Press.

——. 2011. "Why Are There No Directionality Parameters?" In *Proceedings of the 28th West Coast Conference on Formal Linguistics*, 1–23. Somerville, Mass.: Cascadilla Proceedings Project.

Kneale, W., and M. Kneale. 1962. *The Development of Logic.* Oxford: Clarendon Press.

Lepschy, G. C., ed. 1990–1994. *Storia della linguistica.* 3 vols. Bologna: il Mulino.

Lesky, A. 1971. *Geschichte der griechischen Literatur.* Bern-München: Francke.

Levi-Montalcini, R. 1987. *In Praise of Imperfection: My Life and Works.* New York: Basic Books.

Liebowitz, S. J., and S. E. Margolis 1990. "The Fable of the Keys." *Journal of Law Economy* 30 (1): 1–26.

Longobardi, G. 2003. "Methods in Parametric Linguistics and Cognitive History." *Linguistic Variation Yearbook* 3:101–38.

Longobardi, G., and I. Roberts. 2010. "Universals, Diversity and Change in the Science of Language: Reaction to *The Myth of Language Universals and Cognitive Science.*" *Lingua* 120(12): 2699–703.

Lucretius, T., and M. Smith. 2001. *On the Nature of Things.*

Eco, U. 1993. *La ricerca della lingua perfetta nella cultura europea.* Bari: Laterza.

Feynman, R. 1967. *The Character of the Physical Law.* Cambridge, Mass.: MIT Press.

Fisher, S., and G. Marcus. 2005. "The Eloquent Ape: Gens, Brains and the Evolution of Language." *Nature*, January 7, 9–20.

Friedrici, A., J. Bahlmann, S. Heim, R. I. Schubotz, and A. Anwander. 2006. "The Brain Differentiates Human and Non-Human Grammars. Functional Localization and Structural Connectivity." *PNAS* 103 : 2458–63.

Gould, S. J. 2002. *The Structure of Evolutionary Theory.* Cambridge, Mass.: Belknap Press of Harvard University Press.

Graffi, G. 2001. *200 Years of Syntax: A Critical Survey.* Amsterdam: John Benjamins publishing Company.

——. 2010. *Due secoli di pensiero linguistico.* Rome: Carocci.

Hartwell, L., M. Goldberg, J. Fischer, L. Hood, and C. Aquadro. 2015. *Genetics: From Genes to Genomes.* 5th ed. New York: McGraw-Hill Education.

Hickok, G. 2014. *The Myth of Mirror Neurons: The Real Neuroscience of Communication and Cognition.* New York: Norton.

Hopcroft, J.E., R. Motwani, and J. D. Ullmann. 2006. *Introduction to Automata Theory, Languages, and Computation.* Atlanta: Addison-Wesley.

Kaan, E., and T. Swaab. 2002. "The Brain Circuitry of Syntactic Comprehension." *Trends in Cognitive Science* 6: 350–56.

——. 1993. *Language and Thought.* Wakefeld: Moyer Bell.

——. 2004. *The Generative Enterprise Revisited.* Berlin, New York: Mouton de Gruyter.

——. 2012. "Poverty of the Stimulus: Willingness to Be Puzzled." In *Rich Languages from Poor Inputs*, ed. M. Piattelli Palmarini and R. Berwick. Oxford: Oxford University Press.

——. 2013. "Problems of Projection." *Lingua* 130(June): 33-49.

Corballis, M. 2003. *From Hand to Mouth: The Origins of Language.* Princeton: Princeton University Press.

De Mauro, T. 2007. *Linguistica elementare.* Bari: Laterza.

Dehaene, S. 1999. *The Number Sense: How the Mind Creates Mathematics.* Oxford: Oxford University Press.

——. 2009. *Reading in the Brain.* New York: Penguin.

Dehaene, S., F. Meynel, C. Wacongne, C. Wang, and C. Pallier. 2015. "The Neural Representation of Sequences: From Transition Probabilities to Algebraic Patterns and Linguistic Trees." *Neuron* 88(1):2-19.

Denes, G. 2009. *Talking Heads: The Neuroscience of Language.* London: Psychology Press.

Derbyshire, J. 2003. *Prime Obsession: Bernhard Riemann and the Greatest Unsolved Problem of Mathematics.* Washington, D.C.: Joseph Henry Press.

Di Francesco, M. 2002. *Introduzione alla filosofa della mente.* Rome: Carocci.

Du Bois-Reymond, E. 1874. "The Limits of Our Knowledge of Nature." *Popular Science Monthly* 5 (May–June) :17-32, 369.

Imperial College Press.

——. 2012. "Imaging Semantics and Syntax." *NeuroImage* 61 (2): 427–31. doi:10.1016/j.neuroimage.2011.10.006.

Casalegno, P. 1997. *Filosofa del linguaggio: Un'introduzione.* Rome: Carocci.

Casati, R., and A. C. Varzi. 1994. *Holes and Other Superficialities.* Cambridge, Mass.: MIT Press.

Catani, M., and M. Thiebaut de Schotten. 2012. *Atlas of Human Brain Connections*. Oxford: Oxford University Press.

Céline, L.-F. 1952. *Semmelweis (1818–1865)*. Paris: Gallimard.

Changeux, J.-P., P. Courrège, and A. Danchin. 1973. "A Theory of the Epigenesis of Neuronal Networks by Selective Stabilization of Synapses." *PNAS* 70(10): 2974–78.

Chierchia, G. 1993. "Logica e linguistica: Il contributo di Montague." In *La flosofa analitica del linguaggio*, ed. M. Santanbrogio, 287–359. Bari: Laterza.

Chierchia, G., and S. McConnell Ginet. 2002. *Meaning and Grammar.* Cambridge, Mass.: MIT Press.

Chomsky, N. 1956. "Three Models for the Description of Language." *I.R.E.: Transaction on Information Theory,* IT-2, 113–24. Reprinted in *Readings in Mathematical Psychology, Vol.* II ., ed. R. D. Luce, R. R. Bush, and E. Galanter. New York: Wiley.

——. 1959. Review of Skinner 1957. *Language* 35:26–58.

——. 1975. *The Logical Structure of Linguistic Theory.* Chicago: University of Chicago Press.

——. 1981. *Lectures on Government and Binding*. Dordrecht: Foris.

Theory: Presidential Address to the Linguistic Society of America Annual Meeting, Chicago, January 5,2008." *Language* 84:795-814.

Bambini, V. 2010. "Neuropragmatics: A Foreword." *Italian Journal of Linguistics* 22(1): 1 -20.

——. 2012. "Neurolinguistics." In *Handbook of Pragmatics*, ed. J.-O. Östman and J. Verschueren. Amsterdam: John Benjamins Publishing Company.

Bertinetto, P. M. 1983. *Tempo, aspetto e azione nel verbo italiano: Il sistema dell'indicativo*. Firenze: Accademia della Crusca.

Berwick, R. 1985. *The Acquisition of Syntactic Knowledge*. Cambridge, Mass.: MIT Press.

——. 2009. "What Genes Can' t Learn About Language." *PNAS* 106(6):1685-86.

——. 2011. "Syntax Facit Saltum Redux: Biolinguistics and the Leap to Syntax." In *The Biolinguistic Enterprise*, ed. A.-M. Di Sciullo and C. Boeck, 65-99. Oxford, New York: Oxford University Press.

Bonomi, A., and A. Zucchi. 2001. *Tempo e linguaggio*. Milano: Bruno Mondadori.

Cacciari, M., M. Donà, and R. Gasparotti. 1987. *Le forme del fare*. Napoli: Liguori.

Calvin, W., and G. Ojemann. 1994. *Conversation with Neil's Brain: The Neural Nature of Thought and Language*. Reading, Mass.: Addison-Wesley.

Cappa, S. 2001. *Cognitive Neurology: An Introduction*. London:

参考文献

※ここでは、引用された文献のほか、はるかに多くの文献—神様のものは除く—が見られます。

この本の性格から考えて、注や非常に特定的な参考文献などで本文に負担をかけるのは好ましくないというのが私の結論でした。けれどもちろん、主要な理論の源泉や、いろいろな考え（私の考えも含まれますが、何よりも他の人々の考え）が本文よりも詳細に読み取れる文献には参照を指示したいと考えます。文献のうち、あるものは主文中で言及されていますし、他のものは、言語とそれに関連した諸事についてもっと知るための良い情報源としてここに挙げられているのです。言語と脳の関係と人間言語の統語論が持つ重要な特性という問題に対する一般的紹介は Moro (2015) にあります。私の科学的業績のほとんどの源泉については、本文で言及しました。Moro (2013) を見てください。そこで言及されなかった唯一の文献は Magrassi et al. (2015) です。

Akmajian, A., R. A. Demers, A. K. Farmer, and R. M. Harnish. 2010. *Linguistics: An Introduction to Language and Communication.* Cambridge, Mass.: MIT Press.

Alexander, H. G., ed. 1956. *The Leibniz − Clarke Correspondence: Together with Extracts from Newton's Principia and Opticks.* Manchester: Manchester University Press.

Anderson, S. R. 2008. "The Logical Structure of Linguistic

［訳者紹介］

今井邦彦（いまい　くにひこ）

1934年東京生まれ。東京大学文学部英吉利文学科卒。文学博士。東京都立大学名誉教授。

主な編著書に、『チョムスキー小事典』（大修館書店）、『大修館英語学事典』（共編：大修館書店）、『英語の使い方』［テイクオフ英語学シリーズ〈4〉］（大修館書店）、『言語の科学入門』［岩波講座　言語の科学〈1〉］（共著：岩波書店）、Essentials of Modern English Grammar（共著：研究社出版）、『語用論への招待』（大修館書店）、『なぜ日本人は日本語が話せるのか』（大修館書店）など、主な訳書に、『チョムスキーとの対話』（M.ロナ編：共訳　大修館書店）、『チョムスキーの言語理論』（スミス&アロット著：共訳　新曜社）などがある。

ことばをめぐる17の視点《してん》
――人間言語《にんげんげんご》は「雪《ゆき》の結晶《けっしょう》」である

NDC801／xii, 131p／19cm

初版第1刷――2021年2月20日

著者――――アンドレア・モロ
訳者――――今井邦彦《いまいくにひこ》
発行者―――鈴木一行
発行所―――株式会社 大修館書店
〒113-8541 東京都文京区湯島2-1-1
電話03-3868-2651（販売部） 03-3868-2293（編集部）
振替00190-7-40504
［出版情報］https://www.taishukan.co.jp

装丁者―――CCK
印刷所―――広研印刷
製本所―――難波製本

ISBN978-4-469-21383-6　Printed in Japan